¿QUÉ TE DETIENE?

11 trucos para construir
la vida que deseas

¿QUÉ TE DETIENE?

Timothy Armoo

Traducción de Mariela Carradore

EMPRESA ACTIVA

Argentina – Chile – Colombia – España
Estados Unidos – México – Perú – Uruguay

Título original: *What's Stopping You?*
Editor original: Penguin Michael Joseph
Traductor: Mariela Carradore

1.ª edición: mayo 2026

López de Hoyos, 92, Planta Baja Derecha – 28002 Madrid
www.empresaactiva.com
www.edicionesurano.com

ISBN: 978-84-18308-23-9
E-ISBN: 979-13-87750-09-1
Depósito legal: M-6.169-2026

Fotocomposición: Urano World Spain, S.A.U.

Impreso por: Liberdúplex, S.L. – Ctra. BV 2249 Km 7,4
Polígono Industrial Torrentfondo – 08791 Sant Llorenç d'Hortons (Barcelona)

Impreso en España – *Printed in Spain*

*Le dedico este libro a mis padres y a mi joven yo
por haber aprendido a creer en sí mismo*

ÍNDICE

¿QUÉ TE DETIENE?

INTRODUCCIÓN

¿Por qué deberías escucharme?
O cómo un pandillero me salvó la vida

¿Por qué deberías escucharme?

Buena pregunta. Después de todo, lo que sobran son consejos. El mundo está lleno de gurús que prometen el secreto para obtener éxitos y riquezas en el mundo empresarial, y hay muchos otros libros que podrías leer antes que este, pero saber a quiénes escuchar y a quiénes ignorar no es una decisión cualquiera.

Entonces, ¿por qué escucharme a mí?

Para responder esa pregunta, quiero contarte un poco quién soy.

Me llamo Timothy Armoo y nací en Hackney, en la ciudad de Londres, en el seno de una familia humilde y, según mi madre, por «accidente». Las circunstancias en que se encontraban mis padres no les permitieron hacerse cargo de mí, y tuvieron que decidir si me enviaban con una familia de acogida o a vivir con mi abuela, en Ghana. Al final, después de analizar las dos opciones, se decidió que la segunda era la mejor para mí, así que cuando tenía seis meses dejé el Reino Unido para vivir en África Occidental.

Mi abuela, una persona muy estricta, me mandaba a una escuela que daba mucha importancia a los logros académicos, y allí tuve que esforzarme mucho, pero valió la pena porque obtuve numerosas distinciones. Y aunque mis padres estaban bastante lejos, siguieron de cerca el progreso de mi educación. Mientras estaba en Ghana, mi madre me enviaba libros. De hecho, incluso iba hasta el aeropuerto, buscaba pasajeros con destino a Acra y los convencía para que me entregaran paquetes con libros cuando llegaran. Me encantaban los libros de *Los Cinco*, de Enid Blyton, y era feliz cuando llegaban esos paquetes. El domingo por la noche, mi madre solía llamarme por teléfono y hacerme preguntas sobre las páginas que supuestamente debía haber leído, pero cada tanto me pillaba con los deberes sin hacer y tenía que aplicar la astucia e improvisar un poco las respuestas. También me hacía deletrear en voz alta distintas palabras, que fueron aumentando su complejidad a medida que fui creciendo, al igual que las expectativas de mi madre. Hoy le doy las gracias por haberle dedicado tanto tiempo a esa tarea y por ayudarme desde tan lejos a comprender la importancia del lenguaje y la comunicación, porque estoy convencido de que su insistencia en ese aspecto fue una excelente preparación para el futuro.

Sin embargo, siempre sentí que Ghana no era mi lugar. Sentía que solo era una parada en mi camino, un capítulo en la historia de mi vida. Por eso, cuando mis padres decidieron que había llegado el momento de volver a Inglaterra, la noticia no me tomó por sorpresa. Yo tenía diez años y me estaba volviendo un poco revoltoso, y mi abuela pensó que lo mejor era que mis padres estuvieran cerca, así que volví a Inglaterra, a vivir en la casa de mi padre.

Podrá parecer que pasar de Ghana a Inglaterra significaba subir un escalón, pero, en ese momento, a mí no me lo pareció porque en Ghana yo vivía en un barrio acomodado llamado East Legon, de lo mejorcito que hay en Acra. Cuando mi abuela se instaló allí, la zona aún era un bosque y ella era su única habitante, pero cuando me fui a vivir con ella, la zona se había convertido en un barrio de clase media alta habitado por gente de clase media alta, como mi abuela. Allí tuve una vida relativamente privilegiada, cosa que no se puede decir de la vida que me esperaba en Inglaterra, cuando volví en 2005.

Mi padre vivía en Old Kent Road, en un edificio de viviendas sociales que nada tenía que ver con el entorno agradable y adinerado de East Legon. En poco tiempo, aprendí yo también la valiosa enseñanza que aprendieron tantos inmigrantes: el dinero alcanza para más cosas en una ciudad como Acra que en una ciudad como Londres. Aquí, tenía que subir muchos peldaños por una escalera lúgubre y sombría para llegar a mi hogar, lo que, a su vez, suponía bajar muchos otros en la escala social. Y también estaba en una parte de Londres particularmente castigada por las guerras entre pandillas. Las tres pandillas de la zona eran Old Kent Road, Peckham y Brixton, y las tres llevaban a cabo su guerra en Avondale Square, justo al lado de donde yo vivía.

La violencia de pandillas era algo real e inevitable. Como todos los jóvenes, yo quería pertenecer a un grupo, y como mi padre siempre estaba trabajando, por lo general, tenía que arreglármelas solo. Anhelaba ese sentido de pertenencia a una comunidad, y comencé a encontrarlo con los chicos de Old Kent Road, quienes para mí representaban el verdadero significado de la idea de comunidad, familia y hermandad. Me decía a mí mismo que si quería tener algo de credibilidad en el mundo en el que me encontraba, necesitaba la aceptación de los raperos y los pandilleros, de los chicos de las sudaderas con capuchas, las bandanas y las navajas. Inevitablemente, esa manera de pensar empezó a influir en mi conducta y a marcar el camino que estaba tomando mi vida.

En Avondale Square había un campo de fútbol vallado. Recuerdo que un día estaba jugando con mis amigos cuando alguien gritó: «¡Vienen los de Peckham!». Miré más allá de la valla y vi un grupo de jóvenes que se acercaban, algunos a pie, otros en bicicleta; llevaban bandanas y sudaderas con capucha y tenían distintas edades. Los más mayores estaban más curtidos en batalla, y los más jóvenes querían ponerse a prueba y demostrar que ellos también eran de cuidado. Venían corriendo hacia nosotros y estaba absolutamente claro que no venían a jugar un partido. Venían a buscar problemas. Mis amigos y yo salimos de la cancha corriendo a toda velocidad, pero uno de los de Peckham me alcanzó. Tenía un cuchillo e intentó cortarme en el abdomen, pero falló por milímetros, y yo hui para refugiarme en la casa de mi amigo, mientras pensaba con horror lo que podría haber pasado si ese chico hubiera estado más cerca.

La escuela a la que asistía, City of London Academy, estaba en Southwark, en el límite entre Old Kent Road, Peckham y Brixton, lo que significaba que en el mismo recinto estudiaban chicos de las tres pandillas. Durante la semana, todos parecían llevarse bien con todos, pero los sábados y domingos se convertían en enemigos mortales. Un día, un amigo mío faltó a la escuela. Uno de mis compañeros contó que mi amigo estaba en un McDonald's y alguien lo había acuchillado. Efectivamente, mi amigo apareció con una horrible cicatriz en el torso que le subía por el costado derecho, y tuvo mucha suerte de no perder la vida.

En ese entorno crecí yo, y ese era el camino que había empezado a recorrer. Sin embargo, cuando tenía trece años, mi profesora de inglés, la señorita Sobaki, me llevó aparte y me dijo: «Timothy, ¿tú te das cuenta de lo inteligente que eres? Hacerte el malo y juntarte con pandillas no es para ti». Ella había notado lo que estaba ocurriendo y quiso intervenir.

Toda la vida estaré en deuda con la señorita Sobaki. Sus palabras me hicieron despertar. Comprendí lo que me decía y me di cuenta de que tenía razón, y ella me ayudó a cambiar la percepción que tenía de mí mismo. Poco a poco, comenzó a desaparecer mi deseo de jugar a los malos, pero todavía sentía con fuerza la necesidad de ser parte de una comunidad. Al final, el que terminó de alejarme de ese camino fue un pandillero, y, al hacerlo, me salvó la vida.

Un día, estaba en la casa de uno de los chicos de Old Kent Road con el resto de la pandilla; el grupo se estaba preparando para una típica incursión en territorio enemigo, algo que suele tener dos objetivos. El primero es grabar un vídeo para provocarlos mostrándoles la invasión de su territorio, y el segundo, por lo general, es acuchillar a alguien. A mí la idea me daba terror. Por más que quería ser parte de esa comunidad, la realidad era que no estaba muy involucrado con lo que estaba ocurriendo y no quería saber nada de ningún tipo de violencia. Cuando se preparaban para salir, uno de los pandilleros mayores me llevó a un lado y, mostrando su desacuerdo con la cabeza, me dijo: «*Bro*, esta mierda no es para ti». Se daba cuenta de que yo no estaba muy convencido, ni mental ni emocionalmente. Para él, que me conocía del colegio, yo era el chico inteligente y amante de los libros que estaba más interesado en actividades intelectuales que en asuntos de pandillas, y sabía que esas incursiones no eran para mí.

Todavía recuerdo el alivio que sentí cuando ese chico me dio permiso para modificar lo que pensaba de mí mismo. Ahora comprendo que me enseñó una importante lección, aunque dudo de que él lo supiera. Hay mucha gente que va como un zombi por la vida: aguantando un trabajo que no le gusta o una relación que no funciona, y esperando que alguien de fuera, alguien a quien percibe como una autoridad, le dé permiso para cambiar. Pensamos en el permiso como algo necesario para empezar una actividad, pero, a veces, nos encontramos esperando permiso para detenernos. Aquel día no fui de incursión con la pandilla, ni ningún otro. Una vez que tuve permiso para dejar de ser el pandillero que en realidad no quería ser, mi vida empezó a cambiar.

En el próximo capítulo, te contaré más sobre cómo ocurrió aquel cambio, pero, por ahora, sigamos adelante. A los veintiún años, cuando cursaba el segundo año en la universidad, y tras algunos fracasos y algunos éxitos en el mundo de los negocios, fundé una empresa llamada Fanbytes. Era una agencia de *marketing* de *influencers* que ayudó a marcas como Nike y Samsung, y hasta al Gobierno británico, a conquistar a la generación Z. En seis años, levanté la empresa de la nada, llegamos a ser ochenta integrantes, y la vendí por una cifra de ocho dígitos, una adquisición que fue muy publicitada. De golpe, era más rico de lo que nunca hubiera soñado y ni siquiera tenía treinta años. *Huffington Post* me nombró Emprendedor del Año y fui la cara de los 30 menores de 30 de *Forbes*. Viajé por el mundo dando charlas en escenarios internacionales para compañías prestigiosas como Goldman Sachs, Adobe y Dell sobre el nuevo mundo de los medios de comunicación. Mis consejos para los emprendedores, publicados en las redes sociales, llegaron a millones de personas.

Sin embargo, podría haber seguido un camino muy diferente. Si no fuera por la señorita Sobaki y el pandillero que me salvó la vida, quién sabe dónde habría terminado. Incluso con su ayuda, mi recorrido no fue fácil, puesto que no había mucha gente como yo en el mundo de los negocios. Los chicos de Old Kent Road no estaban destinados a la riqueza y, si quería triunfar, tenía que encontrar por mí mismo la manera de hacerlo.

Por eso pienso que debes escucharme.

No sé todo lo que hay que saber. No he encontrado el secreto de la vida. Sigo aprendiendo, como todo el mundo. Pero el título de este libro es *¿Qué te detiene?* La mayor parte del tiempo, la respuesta es que, en los negocios, y en la vida, los elementos que tienen impacto real son las cosas que aquellos con más experiencia no te cuentan. ¿Por qué habrían de hacerlo, por qué querrían que tú tuvieras una ventaja? Esos elementos son los trucos. Están ahí, programados, pero ocultos tras los consejos de siempre: paga tus deudas, espera tu turno, mantente en tu carril. Esos consejos solo sirven para impedirte avanzar.

Yo no quería poner freno a mi progreso, y tú tampoco deberías hacerlo. Creo que no debes permitir que nadie te detenga, por eso quiero ayudarte a usar el sistema a tu favor, y por eso estoy compartiendo los trucos contigo. Quiero contarte todo lo que me hubiera gustado saber a los veintiún años para ayudarte a ponerte metas más ambiciosas, erguirte firme, luchar por la vida, y la riqueza, que quieres para ti, y darlo todo para conseguirlo.

Estos trucos son las enseñanzas que aprendí a lo largo de mi experiencia en el mundo de los emprendedores y reflejan un duro trabajo. No son soluciones rápidas, ni victorias fáciles ni atajos. El éxito en los negocios casi siempre es el resultado del trabajo y el esfuerzo, la determinación y la resiliencia. No lo olvides nunca. Son muchas las veces que veo cómo la falta de confianza en uno mismo y la actitud negativa terminan obstruyendo el camino; incluso a veces lo cierran desde el inicio. Quizá reconoces esa tendencia en ti mismo o crees que no sabes lo suficiente sobre negocios para dar el primer paso; quizá te abruma la idea de darle un giro a tu carrera o te falta la confianza para dar el siguiente paso hacia tus metas, sean las que sean. Si esa es la situación en la que estás, espero que los trucos te ayuden a desvelar el siguiente paso de tu recorrido. Espero que sean el impulso que necesitas para dar el primer paso.

Se dice que el éxito en los negocios es privativo de cierto tipo de persona, y es muy fácil aceptar ese discurso. Debemos cuestionarlo si queremos democratizar el éxito, y eso nos conduce directamente a nuestro primer truco. Es algo que aprendí muy temprano, no mucho después de que aquel pandillero me salvara la vida, y dice así: «Somos las historias que nos contamos».

TRUCO I

Somos las historias que nos contamos

Cuando tenía doce o trece años y vivía con mi padre, veía en nuestro apartamento las cartas que le enviaban sus jefes, Southwark Homecare, y las palabras *home* ["hogar"] y *care* ["cuidado"] me hacían pensar que su trabajo tenía que ver con propiedades inmobiliarias. En Ghana, mi padre había sido un excelente estudiante, y luego había asistido a la Universidad de la Sorbona, en París, y para mí lo natural era que tuviera un buen trabajo con un buen salario. El estudio es el camino hacia el bienestar económico, o al menos eso pensaba yo, y, ciertamente, era lo que se decía en Ghana. Por lo tanto, daba por hecho que no teníamos problemas de dinero, por más que viviéramos en un cuarto piso en un edificio de viviendas sociales.

Con el correr del tiempo, empecé a dudar de lo que pensaba que sabía sobre el trabajo de mi padre. Lo oía decir cosas como «estar de turno» y hablar de horas extra, y esas frases no me cuadraban con la idea que yo tenía de su profesión. Una tarde, cuando tenía quince años, estaba sentado solo en mi habitación y caí en la cuenta de que mi padre no trabajaba en la administración de propiedades inmobiliarias, sino en la asistencia social, y, de golpe, entendí nuestro humilde estilo de vida. El trabajo social no es un trabajo bien pagado. Es una profesión noble e importante, no hay duda de ello, pero, en aquel entonces, recuerdo que pensé que tal vez no fuera la carrera lucrativa que mi padre hubiera podido tener, dado su nivel de educación. Y recuerdo que esa misma tarde me dije que sería yo quien le daría a mi familia un mejor nivel económico.

Vivíamos en el último piso de un edificio de viviendas sociales sin ascensor, y teníamos que subir por la escalera, lo que me fastidiaba bastante y, a veces, hasta me parecía peligroso. Imagina esta escena: un chico negro que vuelve de la escuela en invierno, cuando fuera está oscuro y el hueco de la escalera en penumbras, y personajes poco amigables acechan por los alrededores. Podía pasar cualquier cosa. Sin embargo, cuando lo miro desde el presente, me alegro de haber tenido que subir esas escaleras. Mientras subía con prisa para tratar de evitar problemas, un poco asustado y hasta un poco desilusionado con el lugar en el que me había tocado vivir, repetía para mis adentros un mantra, escalón por escalón: «Este no es mi lugar. Yo merezco más. Este no es mi lugar. Yo merezco más»...

Llegó un punto en que repetir el mantra se transformó en una conducta compulsiva; no podía subir las escaleras sin decirlo, y cuanto más lo repetía, más alteraba mi relato personal. De tanto repetirlo, terminé creyéndolo, y, al final, terminé viviéndolo. En la soledad de mi habitación, abría mi Toshiba portátil y me escribía mensajes motivadores. «No pasa nada, Timothy, un día, todo va a cambiar y tú serás el catalizador de ese cambio». En aquel entonces, yo no sabía lo que era llevar un diario, pero supongo que esa era mi torpe manera de hacerlo, y el cursor titilante fue dando paso a la historia sobre mí mismo que yo quería creer.

Y, poco a poco, me convertí en esa historia.

Es fácil imaginar que la vida de los demás depende exclusivamente de las influencias externas, que somos quienes somos debido a las circunstancias en las que nacimos y las cartas que nos han tocado en la vida. Mi propia experiencia me dice que no es del todo así.

No niego que un niño que se cría en la pobreza probablemente se tope con más dificultades que un niño que crece en un entorno privilegiado, y tampoco niego que los factores como el dinero, la clase, la raza, el género y las oportunidades moldean nuestra vida y predicen nuestros logros, pero ahí no acaba la historia. Los factores externos no son los únicos que nos definen.

Nosotros tenemos el poder de escribir nuestro monólogo interior, de crear una nueva percepción de nosotros mismos para convertirnos en la persona que queremos ser y alcanzar las metas que hemos soñado. Lo descubrí cuando subía las escaleras de aquel edificio de viviendas sociales y me sentaba en mi habitación con mi Toshiba portátil.

En otras palabras, somos las historias que nos contamos a nosotros mismos. Esas historias tienen un poder increíble cuando las sabemos aprovechar; incluso me atrevería a afirmar que tienen mucho más poder que los factores circunstanciales, puesto que nos permiten, literalmente, convertirnos en otra persona.

En este capítulo, te contaré cómo logré forjar mi camino, desde que era un niño que vivía en Old Kent Road y mis probabilidades de éxito eran pocas, hasta convertirme en el fundador de una empresa de varios millones de libras. Pude hacerlo, en parte, gracias al poder de este truco, que me ayudó a modificar el relato de mi vida y, en consecuencia, a definir su desenlace. Espero que compartir partes de mi historia te sirva de inspiración para construir tú mismo el camino de tu propia vida de la manera que más te beneficie y tenga más significado para ti. Y también espero poder ayudarte en tu recorrido con algunas sugerencias que te servirán para adoptar la mentalidad que conduce al éxito en el mundo de los emprendedores y los negocios.

Retirarse a los 21

Era solo un adolescente y aún no podía cambiar mi entorno físico, pero ya comenzaba a comprender que podía cambiar mi entorno mental. Había dejado de juntarme con los chicos de Old Kent Road y podía dedicar más tiempo a leer e investigar, a perfeccionar mi relato personal y a refinar mis planes. Un día, encontré un sitio web llamado «Retirarse a los 21», que contenía artículos sobre todo tipo de personas que habían triunfado con sus empresas y alcanzado la independencia económica cuando aún eran muy jóvenes. Leyendo sobre estos fundadores y emprendedores, me di cuenta de que existía un mundo en el que esas historias eran posibles y me propuse firmemente sumergirme en ellas. Todos los días, cuando volvía de la escuela, entraba en ese sitio web y otros similares y leía sobre personas que habían levantado sus propias empresas, y así me fui familiarizando con una categoría de personas que eran muy distintas de las que me rodeaban en mi vida diaria. Leía todo lo que podía, no solo porque quería saber más sobre las características de los emprendedores cuyo éxito admiraba y quería emular, sino también porque quería que mi cabeza se habituara a la idea del éxito. Mientras leía, pensaba: «Quiero hacerlo y puedo hacerlo. Soy tan capaz como los hombres y las mujeres que lo han conseguido antes que yo. Esa es la clase de persona que soy».

Así como aceptamos la idea de que los relatos personales negativos tienen efectos negativos en nuestra actitud y nuestro bienestar, y nos hacen actuar de otra manera, bien podemos aceptar la idea de que los relatos positivos actúan de manera inversa. Yo mismo pude comprobarlo cuando la historia que me contaba a mí mismo se convirtió en realidad. Poco a poco, me fui transformando en la persona que visualizaba de niño, y hoy tengo trato con muchos de los individuos sobre los que leía en aquellos sitios web de mi adolescencia.

Repetir mantras para uno mismo es una manera muy eficaz de cambiar la manera de pensar. Se ha podido demostrar que, además de mejorar las funciones cognoscitivas, repetir mantras puede ocasionar cambios estructurales en el cerebro. Un mantra puede ser el camino más corto y directo para cambiar las historias que nos contamos.

El Mercedes de quinientas libras

Uno nunca sabe cuándo va a comenzar nuestro recorrido en el mundo de los emprendedores. El mío comenzó con una apuesta, cuando tenía catorce años.

Un día, mi buen amigo Kunal y yo volvíamos caminando de la escuela y vimos un lujoso Mercedes negro estacionado en la calle.

—¿Cuánto crees que cuesta? —me preguntó Kunal.

—¿Quinientas libras? —dije yo, pero, en realidad, no tenía ni idea. Para nosotros, quinientas libras era un montón de dinero, y me pareció que era una cantidad apropiada para un objeto tan suntuoso como ese.

—Yo digo que antes de los dieciocho años no vas a ser capaz de tener quinientas libras en el bolsillo —dijo Kunal—. Te apuesto lo que quieras.

En aquel entonces, yo vivía obsesionado con la historia de otros que habían hecho mucho más dinero en bastante menos tiempo y no me gustó nada imaginar que se cumplía la predicción de Kunal, así que acepté la apuesta y me fui a casa a comenzar a planificar cómo podía ganarla. En el transcurso del libro explicaré lo que ocurrió luego, pero menciono aquí a Kunal porque él también influyó en mi convicción de que somos las historias que nos contamos. Me di cuenta de que yo, al internalizar la idea de que podía triunfar como emprendedor, había alterado mi respuesta a la idea de que yo no pertenecía a la clase de personas que ganaban dinero, pero eso no ocurrió con Kunal. No estoy insinuando que Kunal no fuera capaz; al contrario, era un chico muy inteligente, incluso más inteligente que yo. Solíamos competir por las notas y era el único en toda la clase que me ganaba. No solo su cerebro era superior, también era un chico muy trabajador, y era evidente que contaba con todos los atributos intelectuales necesarios para triunfar en el mundo de los negocios, pero ese mundo no le interesaba. A lo largo de los años, cada tanto intentaba convencerlo de que participara en mis ideas empresariales, pero a él nunca le habían gustado los riesgos, mientras que yo había internalizado la idea de que esa era exactamente mi forma de ser. Él se veía como un académico, no como un emprendedor, así que Kunal fue a estudiar física en la Universidad Imperial College London. Esa era la historia que él se contaba, y esa fue la persona en la que se convirtió.

Un día, muchos años después, cuando ya habíamos perdido el contacto, caminaba por un parque en Londres y vi un banco con su nombre grabado en una placa: Kunal Patel. Hice averiguaciones y me enteré de que había muerto hacía poco. Ahora, cada vez que paso por ese parque caminando o en bicicleta, inclino levemente la cabeza en la dirección del banco, y, en mi corazón, le digo que lo quiero. Aquella apuesta fue el empujón que necesitaba para comenzar a transformarme en la versión de mí mismo que yo sabía que era capaz de ser.

Actúa como la persona que quieres llegar a ser

Me di cuenta de que modificar mi entorno, aunque fuera temporalmente, me serviría cuando fuera el momento de cambiar mi historia. Es muy difícil seguir contándose a uno mismo una historia de éxitos cuando, mires por donde mires, solo ves tiendas de baratijas, puestos de pollo frito y las marcas de la lluvia en el cemento de las viviendas sociales del sur de Londres. Yo quería triunfar como emprendedor, pero ¿qué emprendedor exitoso tendría su oficina en un café lleno de humo o trabajaría sentado en el borde de la cama en un pequeño apartamento de una vivienda social? Ninguno. Decidí que tenía que actuar como la versión de mí mismo que quería ser en el futuro, y lo primero era encontrar un lugar de trabajo más adecuado.

El lugar que escogí fue el vestíbulo del Claridge's, uno de los hoteles más glamurosos del mundo, el patio de juegos de los ricos y triunfadores.

Me puse lo mejor que tenía: unos horrendos pantalones de pinzas de una cadena de grandes almacenes, una camiseta blanca de una tienda de ropa deportiva, un *blazer* azul oscuro que compré en un supermercado (la prenda más elegante que tenía, de lejos) y mis mocasines azules. Todo un *look* Sillicon Valley, pero en barato.

No era la imagen de un chico pobre de Old Kent Road. Lo admito, tampoco era la de un millonario del distrito financiero, pero era lo mejor que tenía, y al elegir esas prendas logré dos objetivos: me ayudó a perder el miedo a que, por ser pobre y negro, me mostraran la salida apenas pusiera un pie en ese hotel tan lujoso, y me obligó a asumir el compromiso de tomarme en serio, porque si yo no me tomaba en serio, nadie lo haría. Esa ropa era como un uniforme que me permitía convertirme en otra persona.

Supe que había tomado la decisión correcta cuando entré por primera vez al Claridge's y el portero me dijo «señor», cosa que nadie había hecho jamás en la zona de Londres donde vivía. Me sentí importante, como que tenía el derecho de estar allí, como que estaba allí para hacer negocios de verdad, como un empresario en toda regla. La zona del vestíbulo era cómoda y hasta un poco pomposa, con suelo damero y las sillas y mesas ricamente tapizadas. Todos los que me rodeaban eran personas exitosas, hombres y mujeres que lo «habían logrado», y yo necesitaba sentirme a gusto en ese medio si iba a ser uno de ellos. En casa, veía mujeres cotillas que se pasaban el tiempo fumando en los pasillos del edificio y mirando a lo lejos con la vista perdida. No estaban haciendo nada con su vida, lo que, a mí, un chico con un propósito claro, solo me producía rechazo. En el Claridge's, hasta el aire era diferente: dulce y limpio. En casa, el aire era caliente, sucio, polvoriento; respirarlo no te hacía bien.

El proceso de entrar en el Claridge's con mi atuendo de trabajo me cambió la mentalidad. Me había aprendido el nombre del portero, Ian, y después de haber ido varias veces, nos tuteábamos, y eso transformó la manera en que él me veía y, poco a poco, yo también comencé a percibirme de otra manera. Gradualmente, dejé de ser el chico nervioso de Old Kent Road y fui desarrollando un *alter ego*. Al decirme a mí mismo que era otra persona, me convertí en esa persona y empecé a formar parte del mundo en el que yo mismo me había insertado.

Conviértete en tu futuro yo.

Visualiza la versión de ti mismo que serás dentro de doce meses: alguien que logra todo lo que se propone. Visualízalo con claridad.

Toma esa versión del futuro e «inyéctala» en tu cuerpo actual, en tus circunstancias actuales.

Ahora, actúa desde esa perspectiva.

Tim «no sigue las reglas» Armoo

Mis visitas al Claridge's me enseñaron que es crucial cambiar el entorno para cambiar la propia historia. A los dieciséis años, se me abrió una puerta. Tres escuelas privadas me ofrecieron una beca: Dulwich College, Alleyn's y el internado Christ's Hospital. Dulwich y Alleyn's eran los mejores, pero elegí asistir a Christ's Hospital. No tenía nada que ver con la escuela pública de barrio que conocía. Aquí, los estudiantes iban de elegante uniforme y, cuando entrábamos al comedor al mediodía, nos recibía una banda instrumental (¡no es broma!). No nos rodeaba el cemento lúgubre de Peckham y Old Kent Road, sino una arquitectura suntuosa y espectacular, y verdes campos de deporte. En este protegido rincón de West Sussex, la gente no andaba peleándose a cuchillazos.

No era mi hábitat natural.

Sabía que me iba a costar adaptarme, pero nunca tuve dudas de que el cambio de circunstancias era justo lo que necesitaba. De hecho, elegí esa escuela porque intencionalmente quise asegurarme de que las nuevas circunstancias fueran lo más diferentes posible, y Christ's Hospital representaba el mayor cambio, tanto en la geografía como en el ambiente. Me sacó de mi antigua vida y me hizo entrar en un capítulo genuinamente nuevo del relato personal que estaba escribiendo. No solo me ofrecía un entorno físico completamente nuevo; también me ofrecía un nuevo entorno mental.

Al principio no me resultó fácil, por ser un chico de un barrio pobre de Londres, adaptarme a esa nueva escuela tan exclusiva. No terminaba de encajar, pero no era el color de mi piel o el barrio donde había crecido lo que me hacía diferente; era una cuestión de actitud. Trabé amistad con un muchacho blanco de clase media, Sam, y él me puso este nombre: Tim «no sigue las reglas» Armoo. A las diez de la noche debíamos estar en la cama con las luces apagadas, pero yo nunca obedecía. ¿Por qué debería, si siempre leía por las noches? Debíamos ir al comedor todos juntos a la una en punto, pero yo siempre llegaba tarde. Debíamos presentarnos recién afeitados, pero me dejé la barba. Me dijeron que me habían incluido en el equipo de *rugby*, dada mi fuerte complexión física, pero me negué en redondo. Cada tanto, me aplicaban un castigo, como cuando me suspendieron por emborracharme cuando cumplí los dieciocho, pero los castigos que recibía nunca eran tan severos como los esperaba. Nunca me castigaron realmente en serio.

Creo que fue así por la historia que me contaba a mí mismo. Años después, cuando el tutor de mi residencia vio un artículo sobre mí en un periódico, me envió un afectuoso mensaje. Me dijo que, aunque yo nunca había aceptado del todo seguir las reglas, él siempre supo que yo tenía el potencial de hacer algo con mi vida. Ahí me di cuenta de que, cuando salí de mi zona de confort para empezar a estudiar en Christ's Hospital, había tomado intencionalmente la decisión de proyectar mi relato personal, y eso hizo que la gente me tratara de otra manera. Las historias que nos contamos no solo nos definen; también definen cómo nos ven los demás.

Una categoría de uno

En el mundo de los negocios, existe la idea de pertenecer a una categoría de un solo miembro, y esa idea tiene mucho poder. En vez de intentar competir contra un montón de gente, el paradigma de la categoría de un miembro sugiere que uno debe encontrar el campo donde no hay tanta competencia, y dominar ese campo. Cuando cambié el sur de Londres por Christ's Hospital, me di cuenta de que tendría que contarme una nueva historia si esperaba crear mi propia categoría de uno entre mis compañeros.

A los doce o trece años, la identidad que me había construido se centraba en el triunfo académico. En Ghana, donde los estudios lo eran todo, me había ido muy bien en la escuela. En Inglaterra, una profesora había hecho que me alejara de la cultura de las pandillas cuando me dijo que yo era demasiado inteligente como para meterme en eso. Kunal y yo vivíamos compitiendo por las mejores notas. Me convertí en un ratón de biblioteca, y allí siempre estaba leyendo, siempre aprendiendo algo nuevo. La historia que me contaba era esta: yo era el más inteligente, tenía una buena cabeza, y cuando se trataba de estudiar, no era menos que nadie.

Luego, me mudé al internado y, de pronto, me encontré en la compañía de auténticos genios, personas para las cuales era impensable no asistir a Oxford o Cambridge, personas que, básicamente, tenían mentes que funcionaban más rápido que la mía. Junto a ellos, no me parecía que pudiera ganar fácilmente el juego de ser el más inteligente, ni tampoco me parecía que me importara tanto como para hacer el esfuerzo extra. Pero podía pertenecer a esa categoría de otra manera, y decidí que podía ganar el juego de ser el emprendedor. Entonces, me conté esa historia y luego me propuse cumplirla. Fundé un periódico llamado *Entrepreneur Express*. Creé una competición escolar de oratoria. Decidí ganar el juego del emprendedor en lugar del juego académico y, cuando triunfé en mi propósito, aprendí una importante lección: no solo podemos escoger el juego que queremos ganar; también podemos crearlo. Puede que no seas el más brillante de la oficina ni el más divertido, pero quizá las hojas de cálculo se te dan mejor que al resto; entonces, asúmelo y lleva con orgullo ser el chico de las planillas de cálculo. Crea el juego que quieres ganar y luego ve y gánalo con maestría.

Si creas tu propio relato personal, te pones en una posición ventajosa para ser el héroe de ese relato.

El *alter ego* (tu otro yo)

Desarrollar una personalidad alternativa te da poder. Muchos años después de mi paso por el internado, cuando dirigía Fanbytes, me pidieron que diera una charla. Ya había dado algunas charlas antes, pero esta era la más importante hasta el momento. Asistirían unas cuatro mil personas y la charla sería televisada. Cuando accedí, no tenía idea de que fuera un evento tan prestigioso con tanto alcance.

Yo lo único que pensé es que sería una gran oportunidad para publicitar mi compañía y, con suerte, conseguir algunos clientes.

Me consumía la ansiedad mientras esperaba junto al escenario para comenzar mi charla; estaba muy lejos de mi zona de confort y me di cuenta de que necesitaba centrarme en el momento presente y dominar los nervios, así que me dije: «En alguna parte del mundo hay una persona para quien dar una charla delante de cuatro mil personas es pan comido. ¿Cómo puedo yo ser esa persona?». Mientras intentaba encontrar la respuesta, se me acercó una señora rubia de camiseta rosa, que me dijo: «¿Cómo quieres que nos refiramos a ti? ¿Tim, Timothy, Timo?».

Hasta ese día, solo mi padre y mi abuela me llamaban Timo, nunca nadie me había llamado así, y de inmediato pensé: «Timo es un muy buen nombre. Creo que Timo es esa persona que puede hablar frente a cuatro mil personas con total facilidad. Creo que Timo es ese chico que no necesita darse ánimos y reunir valor de antemano». Entonces respondí: «Timo está perfecto». Apenas adopté la nueva personalidad, sentí que la ansiedad comenzaba a desaparecer. El nuevo nombre funcionaba de manera similar a la chaqueta azul oscuro que me ponía para trabajar en el Claridge's: me ayudaba a entender que no siempre tengo que ser la persona que he sido siempre, y a creer que era exactamente la persona que quería ser. En síntesis: me ayudó a cambiar mi relato personal.

La idea de crearse un personaje público no es nueva; la gente que está en contacto con el público, especialmente los músicos, lo hacen todo el tiempo. Se inventan un nuevo yo y ese yo es la personalidad que proyectan. A mí me gusta mucho Drake. Drake es su segundo nombre, pero, en la «vida real», se llama Aubrey Graham, y no me cabe duda de que esas dos personas son individuos muy diferentes. The Weeknd, Elton John, Ziggy

Stardust, son todos *alter egos* de artistas que han transformado su persona para presentar al mundo una determinada versión de sí mismos, los diferentes personajes que crean en el relato de sus vidas.

No existe el mundo en el que esto no ocurre...

Esta técnica tiene valor real y práctico en el mundo de los negocios y las empresas, donde más de una vez nos vemos en la necesidad de desempeñar tareas inusuales o poco agradables que no suelen formar parte de nuestra vida diaria.

La construcción de una empresa emergente es un proceso, y parte de ese proceso es la recaudación de fondos. Cuando una empresa llega a un punto en el que necesita expandirse, debe conseguir en algún sitio el dinero para hacerlo, y buscar inversiones es tarea del fundador de la empresa. Eso significa que debes presentarte ante individuos acaudalados y pedirles sumas considerables, como si estuvieras participando en *Tu oportunidad* o *Dragons' Den*.

La primera vez que tuve que hacer algo así, era joven e inexperto. Debía pedir una inversión de quince mil libras a Nick Wheeler, el fundador de una empresa de camisas llamada Charles Tyrwhitt. Wheeler quería invertir en ciertas empresas emergentes de estudiantes, y fui a verlo con mi socio y cofundador, Ambrose, con el discurso memorizado palabra por palabra para poder presentarlo a la perfección, pero me di cuenta de que no alcanzaba con una presentación perfecta; debía proyectar seguridad y confianza, y, para hacerlo, no debía dejarme llevar por la ansiedad que me generaba la idea de que el encuentro no saliera bien. Debía mentalizarme, y me conté una historia, en dos partes. Primero, me dije que no existía el mundo en el que Nick se negara a invertir en nosotros; era algo que debía suceder, y sucedería. En segundo lugar, me dije que ese dinero de Nick iba a terminar en las manos de alguien, y que ese alguien bien podríamos ser nosotros. Fue un cambio de actitud intencional. Así como me dije una vez que mi lugar era el Claridge's cuando entré por sus puertas, entré en esa reunión diciéndome que tenía todo el derecho de esperar un resultado positivo. Mi relato no contemplaba otra opción.

Más adelante en mi carrera, me vi ante la situación de tener que reunir sumas más grandes, pero como había usado esa técnica a pequeña escala, había adquirido la seguridad y la confianza para hacerlo a una escala mayor, y estaba más que preparado para pedirle medio millón de libras a un perfecto desconocido. No existe el mundo en el que eso no me lo concede.

Tu mundo cambiará el día en que te des cuenta de que casi todo lo que quieres lograr es más factible de lo que crees.

El cuerpo que quieres tener es más alcanzable de lo que crees.

La carrera que quieres es más alcanzable de lo que crees.

El saldo del banco que quieres es más alcanzable de lo que crees.

Internaliza estas afirmaciones.

Define la persona que quieres ser

Convertirnos en quienes nos decimos que somos es un proceso continuo, y, a veces, puede asustar un poco.

Llega un momento en la vida de tu empresa en el que te das cuenta de que esta va a funcionar, y, para mí, ese momento llegó al año de la creación de Fanbytes. Habíamos llegado a las cuatrocientas mil libras de facturación, sabíamos que ofrecíamos un servicio que la gente quería, y los clientes nos pagaban por él. Entonces, vi claramente que era mi responsabilidad decidir hasta dónde debía crecer la empresa. ¿Cuánto trabajo estaba dispuesto a hacer? ¿En qué tipo de persona estaba dispuesto a convertirme para lograr el éxito?

En ese entonces, éramos ocho en la empresa, y decidí que debíamos llegar a cuarenta o cincuenta, conseguir clientes más grandes y lograr que los inversores pusieran más dinero. Estábamos en un punto de inflexión; nuestra pequeña empresa comenzaba su camino hacia el crecimiento, y yo era el responsable de transformarla en una gran compañía. Como director general, debía saber más acerca de contratar, manejar y motivar al personal, cómo conseguir clientes más grandes y recaudar fondos, y también de estructuras de organización. El único problema era que apenas tenía veintiún años y no tenía ni idea de cómo hacer ninguna de esas cosas. Me daba miedo lo que tenía por delante, pero podía reconocer que lo que me daba miedo era el éxito, no el fracaso, porque para alcanzar el éxito tenía que convertirme en otra persona, y no sabía si contaba con los conocimientos, los hábitos y la disciplina para hacerlo.

Lo que tuve que hacer fue cambiar mi relato, contarme una nueva historia en la que, en algún lugar, existía un chico de veintiún años para el que la situación era normal y se hallaba completamente dentro de los límites de su experiencia. Tenía que averiguar cómo convertirme en esa persona.

A veces, para tener algo que nunca has tenido debes convertirte en alguien que nunca has sido, y te costará mucho ser esa persona si la concibes como una extensión de tu yo actual que simplemente se esfuerza más. Para ser completamente otra persona, con otra disciplina y otra mentalidad, debes ir más allá, debes definir, hasta el mínimo detalle, quién es esa persona, porque es imposible llegar a un destino si no sabes hacia qué dirección debes ir. Escribe en una hoja cuáles son las características de la persona que quieres ser, cómo pasa el tiempo, qué cosas le importan, con quiénes se relaciona, dónde se juntan, cómo hablan. Yo antes no hablaba así, como lo hago ahora; medía menos mis palabras y no era tan articulado, y tenía la pronunciación de cualquier chico de un barrio humilde del sur de Londres. Cuando escribí mi lista de características, caí en la cuenta de que la persona que yo quería ser cuidaba más su manera de hablar. Pienso que las palabras y nuestra manera de hablar nos definen, y si cambiamos las palabras que decimos, cambiamos nuestro relato.

Después de definir la persona que quieres ser, empiezas a dar los pasos que te llevarán a convertirte en ella, y esto es más sencillo de lo que suena, puesto que has de dar pasos muy pequeños. Por ejemplo, si la persona que quieres ser se levanta temprano, durante dos o tres semanas, la única característica de tu futura persona que adoptarás será levantarte temprano, y te olvidas de todo lo demás. Implementa ese pequeño cambio y no pases al siguiente hasta que lo hayas internalizado y automatizado.

Este proceso me resultó útil para superar algo más complicado que dormir hasta tarde. Cuando era más joven, sufría de tartamudez y, al ser el director general de Fanbytes, era consciente de que tendría que asistir a conferencias y eventos, y exponer ante otras personas las ventajas del *marketing* de *influencers.* Mis socios cofundadores y yo debíamos ser implacables como líderes y, para ello, debíamos ser capaces de comunicarnos con los demás. Y aunque me había dicho muchas cosas positivas sobre quién era yo y quién quería ser, me daba cuenta de que en todas esas historias que me contaba, yo siempre era tartamudo, y hablar en público era una dificultad para mí. Entonces, escribí en mi lista que debía aprender a hablar mejor en público como requisito para el éxito de Fanbytes.

Teníamos una oficina con un área de recreo que contaba con un pequeño escenario. Cuando todos se habían ido a casa, a eso de las nueve o diez de la noche, y estaba seguro de que nadie podía oírme, subía al escenario y practicaba cómo hacer presentaciones sin tartamudear. Después, empecé a dar charlas frente a mis ocho empleados en el sótano de nuestra oficina de Shoreditch. Los temas que tocábamos no necesitaban presentaciones; eran temas que bien podríamos haber comentado durante un almuerzo. El único fin de las charlas era que yo fuera sintiéndome más cómodo hablando frente a un público reducido para dominar la tartamudez y evitar que apareciera cuando hablaba frente a un público numeroso.

Cambiar el relato personal es algo más que un proceso mental interno; es el proceso de transformar lentamente nuestras acciones y conductas en aquellas de la persona en la que queremos convertirnos.

Cómo conseguir algo que nunca has tenido:

Reconcíliate con la idea de destruir tu persona actual.

Pregúntate si tus hábitos, tus consumos y tus pensamientos te llevarán a ser quien quieres ser.

El proceso es doloroso, y son pocos los que realmente logran hacerlo.

La estrategia Steven Spielberg

No hay nada nuevo ni original en la estrategia de terminar siendo las historias que nos contamos; triunfadores en todas las áreas la han puesto en práctica con éxito desde siempre.

Cuando tenía doce años, el director de cine Steven Spielberg se imaginaba a sí mismo recibiendo el Óscar y agradeciendo a la Academia. En psicología, lo que hacía Spielberg se llama «ensayo en imaginación», y consiste en contarse a uno mismo una historia para materializar un futuro imaginado en el presente. Spielberg sabía lo que quería para el futuro, y la vida solo tenía que ponerse a su altura. Walt Disney practicaba y practicaba su firma cuando solo era un niño con ambiciones, porque sabía que iba a necesitarla algún día.

Esta técnica se aplica con frecuencia en el mundo de los deportes de alta competición. Todavía me inspiran las emotivas palabras del jugador de la NBA Kobe Bryant sobre el poder de volver a escribir su relato personal. Michael Jordan solía contarse historias sobre lo que decían de él los demás, y fueran o no ciertas, las usaba como fuente de motivación. En la psicología del deporte, la técnica se orienta principalmente a que los deportistas reformulen lo que se dicen a ellos mismos sobre sus aptitudes y su potencial, y podemos aplicar esta misma técnica a otras áreas de la vida.

Visualiza tu meta

Muchos tenemos una clara idea de cuál es nuestro destino final, y sabemos que podemos llegar allí si superamos nuestro principal obstáculo: nosotros mismos. Sabemos que el empleo, la relación o el negocio que queremos está perfectamente dentro de nuestro alcance, pero nos frena nuestra idea de quiénes somos.

La clave es poder adaptarnos sin perder de vista la meta final. Fanbytes tuvo muchos obstáculos en su camino. Cuando cambió el algoritmo de Snapchat y vimos comprometido nuestro enfoque de negocios, consideramos seriamente pasarnos al comercio electrónico y dedicarnos a la venta de acciones en línea, pero la meta final que me había fijado seguía estando ahí: triunfar con una empresa y venderla en una salida exitosa antes de cumplir los treinta años. Esa meta me guio en todas las otras cosas que quería hacer en la vida. Cuando vendimos la compañía, solían preguntarme si pensaba que eso ocurriría, y yo siempre respondía lo mismo: «Todo salió según mis planes», pero me refería a la meta final, no al recorrido. Así como Steven Spielberg practicaba su discurso de agradecimiento en el espejo de su cuarto, o un pintor visualiza su obra de arte terminada, yo actualizaba mentalmente, sentado en mi cuarto en Old Kent Road, el saldo de mi cuenta del Santander y visualizaba más dinero del que jamás hubiera imaginado. Esas visualizaciones tienen poder real. Visualiza tu meta con fuerza, con todo el realismo que puedas, y recréala de tanto en tanto en tu cabeza.

Somos las historias que nos contamos, y una buena historia es vívida y colorida. Tú siempre cuéntate la misma historia sobre cuál es tu meta, y aunque cambies de camino varias veces, verás que, al final, llegarás a destino.

Apuntes del capítulo:

- Tenemos el poder de cambiar nuestro monólogo interior. Es imposible convertirnos en la persona que queremos ser si no nos decimos que esa persona es posible.
- Los demás son parte de nuestra historia. Al presentarnos ante ellos como la persona que queremos ser, modificamos el trato que recibimos.
- No solo podemos escoger el juego en el que queremos ganar; también podemos crearlo.
- Al definir las características de tu persona futura, puedes comenzar a dar pequeños pasos para convertirte en ella.
- Visualizar nuestra meta final —el final feliz de nuestra historia— nos ayuda a no perder de vista el premio, incluso cuando el camino se desvía.

TRUCO 2

La inexperiencia
es un superpoder

Cuando tenía diecisiete años, vendí un sitio web por ciento diez mil libras.

Mi adicción a los sitios web de emprendedores, que duró varios años, me inspiró a publicar una revista llamada *Entrepreneur Express*. En un principio, mi intención era hacer una versión impresa y una digital, pero como la versión impresa fracasó enseguida, me vi en la necesidad de encontrar una manera de atraer al público a la versión en línea. Probé con los anuncios de Google Ads, pero me resultaba muy caro, y luego probé con un servicio de posicionamiento (SEO), pero no funcionó. Me preguntaba cómo lo haría para aumentar el tráfico de mi sitio en un espacio en el que había competidores de la talla de *Business Insider* y *Forbes*, compañías mucho más grandes y con más fondos que mi sitio web, que estaba en manos de un chico que aún no había terminado el instituto. La competencia me aplastaría si no encontraba algo que me diferenciara.

Entonces, me di cuenta de que ya lo tenía: como tantos jóvenes de mi edad, prácticamente vivía en Facebook, me pasaba los días enteros allí y conocía esa red social mucho mejor que la competencia. Para *Business Insider* y *Forbes*, las redes sociales eran solo un complemento, pero yo era joven y comprendía todo su potencial.

Pensé que podía lograr que ciertas páginas de Facebook que mostraban un crecimiento rápido publicaran mi contenido y me generaran visitas, y la idea funcionó de inmediato. Así que comencé a crear mis propias páginas de Facebook sobre negocios y motivación, publicaba allí mi contenido y dirigía a los lectores hacia mi web. Sabía que en Facebook podía encontrar a mi público, y mi estrategia me parecía lógica e intuitiva, pero me lo parecía porque yo era joven, y ese era el escenario en el que yo me desenvolvía. No sé si alguien de cincuenta y algo hubiera tenido una fracción de esa comprensión y dudo de que pudiera haber llevado adelante un proyecto como el mío.

Tanto en los negocios como en la vida, la inexperiencia suele considerarse una desventaja, pero no lo es. La inexperiencia puede ser un superpoder.

Cuando uno es joven, no es fácil entender ese concepto porque la juventud es algo que los jóvenes ven como algo natural e incuestionable, y yo no entendía del todo las ventajas que me ofrecía. Por lo general, los jóvenes inexpertos tienden a compararse con personas de más edad, con más experiencia y mejores conexiones, y, naturalmente, la comparación es desfavorable; pero es un gran error porque todas las carencias que piensas que tienes pueden reformularse como ventajas.

En este capítulo, me gustaría convencerte de que aprecies y valores justamente esas cosas que te llevan a pensar que no estás preparado, pero si ya no eres tan joven, espero convencerte de que también es posible sacar ventajas de algunas de estas ideas, incluso cuando ya has llegado a la madurez.

Deja que te guíe la ingenuidad

Entrepreneur Express fue mi segundo negocio. El primero lo creé cuando tenía catorce años. ¿Recuerdas cuando Kunal me apostó que antes de los dieciocho sería incapaz de ganar quinientas libras para comprarme un Mercedes? Acepté la apuesta pensando ingenuamente que no podía ser tan difícil montar una pequeña empresa, convencido, en mi inocencia juvenil, de que estaba preparado para enfrentar el reto, y sin haber aprendido aún que no suele ser tan fácil convencer a alguien de que te dé dinero.

Lo único que necesitaba era un buen plan, y se me ocurrió uno. En mi escuela de Bermondsey, tenía fama de ser bueno en matemáticas, y contrariamente a lo que se podría suponer, dado lo que te he contado sobre el lugar en el que me crie, en aquella escuela saber matemáticas no era considerado algo malo. Allí asistían muchos niños con aspiraciones, y lo que era crucial para mí: muchos niños de ascendencia asiática cuyos padres valoraban en gran medida el buen desempeño en matemáticas. Cuando esos niños no aprobaban la materia, venían a buscar mi ayuda, y entonces me di cuenta de que podía convertir en dinero esa habilidad natural, así que les empecé a cobrar.

Al principio, cobraba diez libras por la clase de trigonometría, y como hubo cierta demanda en el mercado, a la semana ya había aumentado el precio a quince libras por clase. Satisfechos con mi ayuda para desvelar los misterios del álgebra, varios de mis clientes pronto comenzaron a pedirme ayuda con otras materias, como física, química y biología. Como era bastante bueno en matemáticas, la física no me resultaba tan complicada, y la química de ese nivel tampoco era tan difícil. ¿Pero biología? La biología no me interesaba ni era algo en lo que tenía experiencia.

¿Cómo iba a cubrir ese hueco en el mercado si no tenía el menor interés en dar clases de biología? La respuesta que se me ocurrió era muy sencilla. Cada seis semanas, teníamos un examen de módulo en cada materia. Lo único que tenía que hacer era averiguar quién había sacado las mejores notas en el último examen de biología y pedirle que diera clases en mi incipiente negocio. Le pregunté a nuestra profesora quién era su mejor alumno, y me fui a la biblioteca a buscarlo para preguntarle si quería ganar un dinerillo extra.

Sabía que me diría que sí, porque la respuesta a esa pregunta siempre es que sí. Le propuse darle diez libras por cada hora de clase que le diera a los estudiantes que yo le enviaría. Yo cobraba quince libras, así que tendría una ganancia de cinco libras.

Cuando recuerdo esos primeros pasos en el mundo de los negocios, me doy cuenta de lo ingenuo que era, pero esa ingenuidad terminó ayudándome. No sé lo que habría hecho alguien con más experiencia de vida en una situación similar. ¿Habría abordado el problema de manera tan directa o se habría puesto obstáculos siguiendo un camino más tradicional? ¿Habría temido que la profesora no quisiera traicionar la privacidad de sus alumnos o que le hubiera parecido mal que un alumno le enseñara a otro alumno? Quizá se habría complicado más imprimiendo volantes y folletos, con la esperanza de que los posibles candidatos dieran el primer paso, pero seguramente no habría abordado la situación desde una perspectiva ingenua porque nadie quiere que lo consideren ingenuo cuando ha pasado cierta edad.

Sin embargo, cuando te falta experiencia, la ingenuidad rinde sus frutos porque, por lo general, la manera más simple suele ser la más eficaz.

Cuando todo es una novedad, nada es poco común

La perspectiva ingenua condujo directamente a la creación de Fanbytes. Dado que mis socios y yo éramos inexpertos y no teníamos mucha idea de cuál era la forma aceptada de hacer las cosas, teníamos una mentalidad un tanto básica, bastante similar a la que tenía cuando recurrí a la profesora de biología.

No teníamos una idea real de cómo funcionaba el mundo de las redes sociales y no sabíamos que nuestros competidores cobraban por cada seguidor o según el alcance de los *influencers*. Si lo hubiéramos sabido, probablemente habríamos hecho lo mismo, pero, en cambio, pensamos ingenuamente que si las marcas pagaban por participación real, entonces podríamos basarnos en eso para cobrar y adoptamos un modelo de negocios de coste por visita, que al final resultó ser una buena idea.

En el segundo año de Fanbytes, la ingenuidad nos impidió comprender con totalidad la importancia de tener al Gobierno como cliente. La primera campaña que hicimos con ellos fue en 2018, cuando se estableció un nuevo salario mínimo. Muchos jóvenes no estaban enterados, por lo que el Gobierno se acercó a nosotros atraído por una charla que yo había dado, y nos pidió que creáramos una campaña en Snapchat para promover la nueva política salarial. Aceptamos hacer la campaña, que fue todo un éxito, y el Gobierno pasó a ser un cliente habitual. Pero no nos dimos cuenta de la importancia de ese hecho hasta 2021, cuando en nuestra ronda final para recaudar fondos, mencioné que el Gobierno del Reino Unido era nuestro cliente. Lo dije sin darle importancia delante de uno de los posibles inversores, y el comentario fue recibido con algo de escepticismo, como si al inversor le costara creer que el Gobierno del Reino Unido hiciera negocios con nuestra compañía, pero a nosotros no nos parecía algo tan importante. Si nos hubiéramos dado cuenta al principio, probablemente habríamos entrado un poco en pánico y nos habríamos puesto obstáculos en el camino, o tal vez hubiéramos pensado que nos estábamos metiendo en camisa de once varas. Un empresario con más experiencia habría pensado con sensatez que semejante grupo de jóvenes nunca habría sido capaz de obtener un contrato tan importante, pero nosotros no, porque cuando uno no sabe qué cosas son imposibles, todo parece posible.

Los jóvenes están en la cresta de la ola

La inexperiencia y la juventud van de la mano. El mundo cambia rápidamente y los jóvenes suelen estar en la cresta de esa ola. Yo supe aprovechar ese momento cuando triunfé con *Entrepreneur Express*, pero aquí tienes otros ejemplos de jóvenes cuyo éxito se debió, en parte, al solo hecho de ser jóvenes, puesto que estos entienden mucho mejor el mundo en el que actúan sus contemporáneos.

Ben Francis

De niño, Ben Francis tenía una obsesión con el ejercicio físico y la tecnología de la información. Conocía a fondo la floreciente cultura del gimnasio y las tendencias en la moda, y además estaba muy al tanto de la evolución en el uso de la tecnología y las plataformas móviles entre la juventud. Siendo aún estudiante, desarrolló dos aplicaciones de entrenamiento físico que fueron un éxito en ventas. A los veinte años ya había creado Gymshark, el sitio web de venta de ropa deportiva. Un fracaso no hubiera significado tanto, dada su juventud pero justamente porque era joven, sabía lo que querían los otros jóvenes. Sobre todo, entendía a la perfección cómo funcionaba Instagram y su gran potencial para la publicidad de bajo coste por medio de sus *influencers*. Actualmente, Ben Francis tiene más de mil millones de dólares.

Isaac Medeiros

Cuando aún no llegaba a los veinticinco años, Isaac Medeiros fundó Mini Katana, una empresa de venta de espadas japonesas en Internet que le hizo ganar varios millones. Isaac comprendía instintivamente cómo viralizar sus vídeos de las espadas en Instagram y en TikTok. Sabía que allí había un público joven para sus publicaciones, en las que aparecía rebanando melones con espadas y haciendo otros trucos por el estilo, y fue capaz de traducir en ventas esos vídeos virales, todo gracias a que formaba parte de la cultura de las redes sociales y entendía su lenguaje mucho más que alguien con más edad. Se encontraba en una posición privilegiada.

Amika George

Amika George empezó a preocuparse por el problema del periodo femenino y la pobreza. A los diecisiete años lanzó una campaña que reunió doscientas mil firmas. Estando todavía en la escuela, fundó la organización #FreePeriods y presentó con éxito una petición al Gobierno del Reino Unido en el que solicitaba productos de higiene femenina sin coste para las jóvenes sin recursos. Fue galardonada con el título de Miembro de la Orden del Imperio Británico por sus servicios a la educación. Como era tan joven, Amika comprendía más que bien los problemas y las preocupaciones de sus contemporáneos, entre ellos, la falta de acceso a productos de higiene femenina durante el periodo, y fue capaz de utilizar esa comprensión para hacer algo que tuvo un impacto impresionante. (La historia de Amika también es un gran ejemplo de cómo la ingenuidad y la inocencia de la juventud pueden dar lugar a cambios reales, puesto que alguien con más años y más cinismo a sus espaldas supondría desde el principio que resultaría muy difícil sortear los posibles obstáculos).

Por lo general, los jóvenes imaginan que los adultos no los van a tomar en serio, y es verdad que a veces están en lo cierto, pero el mundo de las empresas y los emprendedores hace tiempo que ha descartado esa idea tonta. Si alguien percibe la posibilidad de que le harás ganar dinero, sin duda te tomará en serio. Los jóvenes son expertos en juventud, y cuando un adulto quiere saber lo que se viene y quiere conocer las nuevas tendencias, esa experiencia es invalorable. Eso significa que tu juventud es tu enorme ventaja.

Si eres joven, quizá pienses que no tienes ninguna destreza, pero la realidad es que tienes muchas. Toma una hoja y escribe una lista de las cosas que a ti te resultan fáciles, pero que a otros les pueden costar más, y verás que la lista es más larga de lo que piensas. Tal vez tú entiendes TikTok mejor que otras personas o tienes una habilidad natural para la gestión de productos, o eres bueno usando Webflow para integrar elementos en línea o Canva para crear diseños. Las destrezas que tú tienes seguramente serán valiosas para alguien que carece de ellas.

Menos naves para quemar

El discurso de las redes sociales alienta a los emprendedores a «quemar las naves». Significa que debes renunciar a tu empleo y dedicarte por completo a tu nueva idea para estar más motivado y alcanzar el éxito. Francamente, me parece uno de los consejos más estúpidos que he oído. Las empresas fracasan todo el tiempo, y si el coste de ese fracaso es no poder pagar el alquiler o la factura del gas, o no poderles comprar zapatos a tus hijos, es un precio muy alto. La ansiedad económica que te traería podría ser muy perjudicial; por eso es importante minimizar el coste del fracaso por el bien de tu salud, dinero y felicidad. En Fanbytes, al principio nos fijamos intencionalmente un salario bajo para el primer año, así no nos acostumbrábamos a ganar tanto y evitábamos aumentar el coste de un posible fracaso.

La inexperiencia es un superpoder porque, si eres joven e inexperto, la noción de quemar las naves no te sirve de mucho, dado que no tienes compromisos y, por ende, naves. Cuando daba mis clases particulares, el único coste real del fracaso era perder la apuesta de las quinientas libras antes de los dieciocho que había hecho con Kunal; no dependía del emprendimiento para sobrevivir ni debía poner comida en la mesa de nadie, lo que para mí como emprendedor era algo bueno porque...

La primera empresa debe fracasar

Y la segunda, y quizá la tercera también. Me atrevería a decir que todos los emprendedores que han triunfado tienen historias para contar sobre fracasos empresariales a lo largo de su camino, fracasos de los que aprendieron más que de las victorias.

A los inexpertos se les permite fracasar; es más, se espera que fracasen. Si un niño de diez años pierde dinero con su puesto de limonada, a nadie le parecerá grave; son cosas que pasan. El fracaso es un paso inevitable en el camino hacia el éxito, y, precisamente por eso, la inexperiencia es un superpoder porque te da las armas que necesitas para alcanzar el éxito en el futuro.

Mi negocio de las clases de apoyo fracasó al cabo de un par de meses. Los estudiantes que contrataba como profesores no eran tontos y enseguida descubrieron que una vez que les enviaba un cliente, ya no me necesitaban como intermediario y podían embolsarse las quince libras completas. Apenas se dieron cuenta, mi servicio de clases de apoyo llegó a su fin, pero aquella empresa juvenil me enseñó muchas cosas sobre mí mismo y también sobre los pormenores de llevar adelante un negocio. Aprendí que era la clase de persona que poseía la energía y el entusiasmo para levantar una empresa, y también aprendí algunas cosas sobre cómo funciona el dinero, por ejemplo, que ser intermediario era una posible forma de ganarlo. Además, aprendí que debía estar en línea si quería controlar la infraestructura de los pagos y asegurarme de que todo el tráfico pasara por mí.

Tengo varios fracasos más para contar. He aquí un par de ejemplos.

Mi empresa Bandzie era una copia de una compañía estadounidense llamada Prizeo, que llevó el modelo de las subastas benéficas a Internet. En la web, la gente podía comprar artículos a sus músicos, actores o artistas favoritos para fines benéficos, y participar con su compra en un concurso para ganar una experiencia fuera de lo común con el artista en cuestión. Mi web fracasó por diversos motivos. En primer lugar, había grandes diferencias culturales entre el Reino Unido y los Estados Unidos, donde los famosos estaban más dispuestos a participar en ese tipo de proyectos. En segundo lugar, nosotros no teníamos un acceso real a los famosos, mientras que uno de los fundadores de Prizeo conocía bien el mundillo de Hollywood. Y el motivo final y el más importante: no estábamos satisfaciendo ninguna necesidad específica del mercado; simplemente nos limitamos a tomar un modelo que parecía funcionar en otro lado con la esperanza de que se adaptara bien al nuevo mercado, pero no fue así. La empresa fracasó, pero tampoco importó tanto porque éramos jóvenes, las expectativas no eran muy altas y pudimos aprender de nuestros errores.

El concepto de Doodlr se parecía al concepto de una empresa llamada Teespring, un sitio en el que los usuarios podían subir un diseño para una camiseta o una taza y venderlo en línea. Fueron varios los que ganaron dinero en Teespring, así que confiábamos en que el concepto funcionaría, pero nuestra versión no tuvo éxito porque todavía no dominábamos tanto el área empresarial y no sabíamos muy bien cómo conseguir clientes. Estoy seguro de que si hoy fundara esa empresa, me iría mucho mejor porque me dedicaría a cubrir un nicho con muchos aficionados leales —como Harry Potter o *El señor de los anillos*, incluso comunidades religiosas—, y los animaría a subir sus diseños con la promesa de otorgar un premio al usuario que vendiera más. Sé que en poco tiempo empezaríamos a crecer, pero en aquel entonces no tenía posibilidades de triunfar porque sabía muy poco de ventas y *marketing*. La empresa fracasó, pero, nuevamente, tampoco importó tanto porque las expectativas no eran muy altas y pudimos aprender de nuestros errores.

Si hubiera empezado con Fanbytes antes de Bandzie o Doodlr, no habría tenido idea de nada y el fracaso habría sido seguro, pero fue un éxito porque cumplí mi cuota de fracasos cuando era más joven, y el fracaso no tenía tanta importancia.

No te obsesiones con que todo te salga bien.

Concéntrate en que te salgan mejor que antes.

Las primeras veces casi nunca irán bien, así que lo mejor es que te las saques de encima rápido.

La juventud es un patio de juegos

Cuando era pequeño, quería ser mago; después cambié y quise ser periodista, y luego, experto en economía de la conducta, así como lo oís; bueno, como lo leéis. Como cualquier niño, intentaba ser todas esas cosas durante dos o tres semanas, incluso meses, y luego descubría que no quería ser mago ni periodista ni experto en economía de la conducta.

La juventud es un superpoder porque cuando eres joven puedes volver a inventar quién eres y lo que quieres una y otra vez. Tienes muchas oportunidades, no solo para descubrir lo que te gusta, sino también para descubrir lo que no te gusta —lo que es aún más importante—, y quitarlo de la lista. En el patio de juegos de la juventud, el impacto de seguir un camino que termina en nada es prácticamente nulo. Cuando finalmente decidí que no iba a ser mago, nadie derramó una lágrima. Cuando finalmente quedó demostrado que mi empresa de clases particulares era un concepto lleno de defectos, me sentí mal durante una o dos semanas, pero mi vida siguió más o menos como siempre. En mis años de joven emprendedor, fui capaz de poner en práctica numerosas ideas y permitir que la energía y el entusiasmo de mi juventud me facilitaran la tarea de quitarles importancia a aquellos fracasos.

A medida que uno crece, los fracasos tienen más peso, y no me cabe duda de que si Fanbytes hubiera fracasado tras cuatro años de trabajo, me habría sentado mucho peor que el fracaso de mi emprendimiento de las clases de apoyo.

La juventud te permite experimentar con tu curiosidad y dejarte guiar por ella sin crearte expectativas de que te conduzca a algo. Esa libertad es muy valiosa. Tal es así que ciertas empresas animan a sus empleados a imitar el patio de juegos de la juventud. Google, por ejemplo, tiene la política del «20 por ciento del tiempo», en base a la cual los empleados dedican el 20 por ciento de su jornada laboral a proyectos de su elección. Esa fracción de tiempo, que tiene el potencial de ser malgastada, resultó inmensamente productiva para la empresa, y también para los individuos. Seguir el instinto puede rendir buenos frutos.

No sería mala idea crear un patio de juegos experimental para recuperar la libertad de la juventud. Puedes dedicar un tiempo de tu jornada específicamente a satisfacer tu curiosidad; incluso puedes seguir el ejemplo de Google y reservarte el veinte por ciento del día (o el diez o el cinco) para conectarte con tus intereses sin sentir culpa por no estar produciendo nada.

El trabajo duro es posible

Entrepreneur Express nació por el amor que siento por los negocios. Me pasaba el tiempo leyendo sobre el tema, y en un momento me pregunté si no habría forma de transformar mi amor por los negocios en un negocio *per se*. En aquel entonces, era el director de la revista del colegio, y la experiencia me hizo creer que las publicaciones como *Business Insider* y *Forbes* no eran más que eso: publicaciones sobre empresas y negocios; y si otros eran capaces de hacerlo, yo también podría. Destaco el papel de mi ingenuidad del momento, puesto que sin ella jamás hubiera puesto en marcha la idea. Sin embargo, pronto descubrí que ser director de una publicación como *Forbes* no es una ocupación sencilla que se pueda compaginar con las clases y los exámenes. Me acuerdo de un fin de semana en que pensé que iba a morir del cansancio, encorvado sobre el portátil, con los dedos doloridos de tanto escribir, intentando resolver cuestiones de distribución y *marketing*, y haciendo todo lo necesario para publicar una buena revista sin ayuda de nadie.

Casi ni dormía. Durante un tiempo, fui un zombi, pero no me importaba. El superpoder de la juventud te da mucha más capacidad para trabajar como un loco, te da energía ilimitada o, al menos, fácil de reponer, y, al no tener otros compromisos, es mínimo el impacto en los demás que causa tu concentración excesiva en una sola cosa. Si trabajas hasta desfallecer cuando eres joven, las consecuencias generales no tienen tanto alcance.

La gente quiere ayudar

Puede que la juventud sea un superpoder, pero eso no quiere decir que la sabiduría que da la experiencia no tenga ningún valor. Cuando fundé Fanbytes, me rodeé de empleados mayores y con más experiencia que yo, al menos hasta donde me lo permitía el presupuesto, y ahora les insisto a los jóvenes emprendedores que busquen mentores entre aquellos que ya llevan unos años en el sector. Es más fácil de lo que crees. No sé si será por altruismo, quizá por ego, o tal vez porque se identifican con los jóvenes que les recuerdan su propia juventud, pero la realidad es que muchas personas mayores están dispuestas a ayudar a los que son más jóvenes. La inexperiencia es un superpoder porque te permite sacar provecho de este rasgo de la naturaleza humana. Déjate guiar por un mentor que tenga más experiencia que tú. Sé una esponja.

Ideas de negocios para sacar provecho de tu inexperiencia

Cuando eres joven e inexperto, los fondos son limitados, pero el tiempo y la energía son casi infinitos. Me gustaría darte tres ideas prácticas que se podrían aplicar a esa situación para ganar algunos miles de libras aquí y allá. Estas ideas no solo te darán un ingreso, también te servirán para aprender más sobre el mundo de los emprendedores, el funcionamiento de los negocios y cómo piensa la gente adinerada.

Idea 1: Servicio de asistencia personal

Tengo un arañazo en el coche y necesito repararlo, pero, aunque el trabajo no es mucho, sí lo es el tiempo que lleva hacerlo. Hay que llevar el coche al taller, encargar una puerta nueva, que también debe ser enviada al taller, y después pasarse a recoger el coche, todas pequeñas tareas administrativas que interrumpen mi jornada, ya muy ocupada de por sí, lo que implica un coste monetario. Sería más valioso para mí poder emplear ese tiempo en otra cosa, así que si viniera alguien y se ofreciera a ocuparse de esos asuntos por doscientas o trescientas libras al mes, enseguida cerraría el trato.

Una persona que dispone de tiempo y energía en abundancia, o que tiene pocos compromisos personales, puede hacerse cargo ella misma de esas tareas, pero para quienes tienen mucho dinero y poco tiempo, que no son pocos, los servicios de un asistente personal son de gran valor. Lo único que debes hacer es buscarlos y presentarles tu oferta, y verás que pronto tendrás un negocio viable en tus manos.

Idea 2: Investigación de tendencias

Encontrar posibles tendencias, ideas y temas para invertir en ellos es un problema para muchos emprendedores experimentados. Existen empresas de investigación de mercado que se ocupan de ello, pero son costosas y lo que ofrecen no se puede comparar con lo que podría ofrecer un investigador joven, brillante e independiente, si cuenta con el tiempo necesario y una mente inquisitiva. Por ejemplo, si yo quisiera encontrar empresas intermediarias que cobran un promedio de unas diez mil libras por contrato, tu trabajo sería enviarme cada semana una lista de empresas que entran en esa categoría, junto a los detalles de contacto de sus directivos y las razones por las que piensas que valdría la pena invertir en ellas, lo cual requiere bastante dedicación y tiempo. Si un inversor puede conseguir ese servicio por mil libras en lugar de pagar diez mil a una empresa, no hay mucho que pensar, sobre todo si tú puedes mostrarle al inversor esferas de negocios que están en tu radar porque eres joven, y que tal vez él no conozca debido a su edad. Y tú, por tu parte, puedes ganar un dinerillo y, al mismo tiempo, aprender cómo se mueven los inversores en el medio. Ambas partes obtienen beneficios.

Idea 3: Vender cosas que no usas o no quieres

¿Quién no se ha deshecho alguna vez de objetos, ropa o muebles? La gente suele venderlos por casi nada en Facebook Marketplace o en eBay, o directamente donarlos a servicios como Freecycle. Con un poco de dedicación y energía, puedes reunir esos objetos, darles unos toques para que luzcan mejor y venderlos, quizá hasta por un margen del cien por cien. Es posible que necesites un vehículo, pero, aparte de eso, tu empresa tendrá un coste inicial bajísimo, y los únicos límites para tu crecimiento serán la energía y el entusiasmo que le dediques.

El objetivo de estas ideas es ayudar a los ricos con las complejidades cotidianas, identificar un servicio que un individuo puede ofrecer a menor precio que una empresa y no desperdiciar lo que la gente tira. Adicionalmente, estas sugerencias pueden servir de inspiración para otras ideas de negocio. Solo necesitas tiempo y energía, pero, si eres joven, seguro que no te faltan, y esa es otra razón por la que tu inexperiencia es un superpoder.

La enseñanza más importante que puede aprender un inexperto

Empezar joven tiene sus ventajas en el mundo de los negocios. Te permite aprender a identificar las cosas que funcionan, y, lo que es más importante, las que no. Además, te permite desarrollar destrezas mentales como la creatividad y la resiliencia, además de la seguridad y la audacia necesarias para pedirle dinero a un desconocido. Es más fácil aprender estas dos últimas destrezas en particular cuando aún estás adquiriendo experiencia, y las tres ideas que acabo de darte pueden ayudarte a refinarlas.

Mucha gente nunca ha tenido que hacerlo. La típica persona con el típico empleo asalariado generalmente recibe una cantidad de dinero que ha sido determinada por alguien más. El nerviosismo que causa tener que pedir un aumento demuestra que pedir dinero es una habilidad que pocos tienen, y una situación que casi todos preferiríamos evitar. Si quieres ser emprendedor o triunfar en los negocios, no puedes tener esa mentalidad. Básicamente, un negocio consiste en encontrar una solución para un problema, y pedirle a alguien que te pague por resolver ese problema, así que lo mejor será que te acostumbres a pedir dinero a gente que no conoces, algo que resulta más fácil hacer a pequeña escala cuando eres joven, lo cual es otra razón por la que la inexperiencia es un superpoder. Hay una gran distancia entre aquel joven Timothy Armoo que le cobraba diez libras a sus compañeros por una clase de apoyo y el Timothy Armoo de hoy, que habla con perfectos desconocidos para pedirles que inviertan medio millón de libras en su empresa. No puedo afirmar que hoy soy capaz de pedir grandes sumas porque ayer fui capaz de pedir sumas pequeñas, pero sí puedo decir que, sin aquella experiencia, hoy me costaría el doble.

Utilizar el superpoder de la inexperiencia cuando somos mayores

Tal vez este capítulo te ha dado la impresión de que la carrera de un emprendedor se acaba cuando el brío de la juventud ha quedado atrás. Nada más lejano. La inexperiencia es un superpoder cuando somos jóvenes, pero también cuando nos hacemos mayores, siempre que estemos dispuestos a cuestionar la idea de que la inexperiencia de la juventud es un obstáculo, y hacer lo necesario para recobrar la ingenuidad y el entusiasmo que la caracterizan.

Por lo general, quienes hacen algo por primera vez perciben la inexperiencia como algo negativo, pero no coincido del todo con esa visión. Al comienzo del capítulo, hablamos de la ingenuidad de la juventud. Estoy convencido de que la inexperiencia en un área determinada nos da la oportunidad de recobrar parte de esa inocencia juvenil y encarar los problemas considerando sus principios básicos. En la época de Fanbytes, las plataformas y los algoritmos cambiaban con frecuencia y, cada vez que ocurría algo así, nos topábamos con la barrera de nuestra propia inexperiencia, pero no necesariamente era algo malo, porque nos obligaba a pensar con originalidad. Más de una vez tuve que volver a ser aquel chico ingenuo de catorce años que siguió el camino más simple para encontrar profesores de biología para su empresa de clases de apoyo.

Como ya hemos mencionado, cuando eres joven y aún no han llegado los compromisos laborales y familiares, tienes el tiempo libre para dedicarte a tus intereses y pasatiempos. Sin embargo, cuando nos hacemos mayores, es posible invocar el poder de la inexperiencia intentando reavivar tu curiosidad juvenil y darle el espacio que necesita. Personalmente, cada vez tengo más dudas y temores a la hora de decidir en qué voy a utilizar mi tiempo, y eso puede ser una traba. La solución es tratar de recuperar el entusiasmo de la juventud y trabajar en un proyecto porque te encanta, y no por la mundana razón de que necesitas el dinero. No es por nada que varias empresas construyen un entorno lúdico, con pufs, mesas de pimpón y batidos frutales gratuitos. Al crear un entorno donde es posible divertirse y recobrar el deseo juvenil de jugar y disfrutar, cultivamos la creatividad y trabajamos con más eficacia.

Entonces, si ya no eres joven, anímate a cultivar un entorno juvenil que te recuerde lo que era importante para ti cuando sí lo eras. Rodéate de gente divertida; permítete el asombro y el entusiasmo, y no olvides que estos atributos de la juventud pueden seguir acompañándote a medida que creces, siempre y cuando tú lo permitas. Si logras combinar el optimismo ingenuo ante las expectativas con los beneficios que trae la experiencia, estarás más que equipado para avanzar en el camino de los negocios.

Apuntes del capítulo:

- Por lo general, la ingenuidad es la mejor actitud. No compliques las cosas.
- Los jóvenes saben cosas que los mayores no saben porque están inmersos en otra parte de la cultura, y eso les da una ventaja que los hace valiosos.
- Los jóvenes tienen el tiempo y las oportunidades para fracasar, y la resistencia para recuperarse. El fracaso es un paso inevitable en el camino hacia el éxito.
- Los jóvenes cuentan con el espacio para descubrir las cosas que les gustan y, lo que es más importante, las cosas que no.
- Puedes aprovechar las ventajas de la inexperiencia de la juventud incluso cuando eres más mayor.

TRUCO 3

Haz que ganar sea fácil

Cuando era adolescente, pensaba que la vida tenía que ser difícil.

En parte, se debía a que la vida realmente era difícil para la gente de aquel barrio del sur de Londres en el que crecí, donde no abundaba el dinero, había bastante pobreza y, encima, había violencia. Cuando mi amigo Kunal me apostó que no sería capaz de tener quinientas libras en el bolsillo antes de los dieciocho, era una apuesta segura porque, para la mayoría, conseguir ese dinero no era un objetivo sencillo.

Además, la dieta de vídeos «motivacionales» que consumía por aquel entonces, en mi deseo de triunfar como emprendedor, reforzaba la idea de que la vida era difícil.

Supongo que sabrás a qué me refiero. Esos triunfadores audaces y un poco intimidantes que te gritan que eres DÉBIL si no te esfuerzas al máximo, que tienes MIEDO del trabajo duro, que eres INFERIOR como persona si no caminas sobre brasas encendidas para lograr tus objetivos. Y si no lo sabes, busca vídeos motivacionales y pronto comprenderás lo que quiero decir.

Es posible que esos vídeos tengan el efecto deseado y te den la motivación necesaria para abrazar los desafíos de la vida, pero también pueden tener el efecto contrario y hacer que pierdas la motivación por completo. De adolescente, y un poco después también, miraba esos vídeos para motivarme y me creía el mensaje de que el éxito depende exclusivamente de lo dispuesto que está cada uno a dejarse la piel, al sufrimiento que estamos dispuestos a soportar. Aquellos gurús motivacionales de YouTube eran un poco como la típica tribu del gimnasio, esos musculosos llenos de testosterona que se incentivan a gritos para batir sus récords en el banco de pesas. Ellos van por el camino más riguroso y están convencidos de que el éxito no se alcanza sin dolor ni sufrimiento.

Pero la cosa es que cuando comencé a entrenar, descubrí que ese perfil de «animal de gimnasio» no encajaba conmigo; yo era diferente. Descubrí que, si me trataba con más cariño, intentaba divertirme mientras hacía ejercicio e ideaba maneras más fáciles de ponerme en forma, me motivaba mucho más y obtenía mejores resultados más rápidamente.

Lo mismo ocurre en el mundo empresarial, y también en la vida. No todo tiene que ser duro y difícil, al menos no todo el tiempo, y la noción de que al éxito solo se llega por el camino del esfuerzo constante es simplemente una falacia, por lo que no debemos creerla ciegamente. No digo que haya que olvidarse de la noción del trabajo duro ni que no debemos tomarnos la vida y el trabajo con seriedad; solo sugiero que modifiquemos nuestras expectativas: si esperamos que las cosas sean muy difíciles, terminaremos tratándolas como tal, e inexorablemente terminarán siéndolo de verdad.

En cambio, deberíamos aplicar uno de los trucos más importantes y hacer que ganar nos resulte fácil.

Diviértete

Estaba viendo la competición de salto de altura de los Juegos Olímpicos. Dos atletas intentaban saltar por encima de un listón en particular, y era evidente que les resultaba muy difícil. En todo evento deportivo, la actitud juega un papel fundamental, y uno de los atletas intentaba por todos los medios poner a los espectadores de su lado. Se daba la vuelta y los miraba, y los animaba a alentarlo y a crear una atmósfera estimulante. Me daba cuenta de lo que hacía y por qué lo hacía. El atleta intentaba sentir más energía y obtener ese porcentaje adicional, igual que los chicos del gimnasio.

Sin embargo, seguía golpeando el listón. Su estrategia no estaba funcionando.

Entonces, en uno de sus saltos, volvió a golpear el listón y soltó una risita, y algo cambió. Parecía estar menos tenso, menos preocupado por el público. Mis conocimientos de salto de altura son más bien escasos, pero mientras veía cómo se preparaba para el próximo intento, estaba seguro de que esta vez sí lo lograría, no tenía ninguna duda. Y así lo hizo.

A veces, nos enfrentamos a un momento significativo y pensamos que esa es nuestra gran oportunidad, la verdaderamente importante. El cuerpo responde con ansiedad y no logramos sentirnos tan libres y lúcidos como de costumbre. Cuando le damos demasiada importancia a la seriedad, estamos agregando dificultad a nuestro trabajo, como le ocurrió al atleta. Si podemos encontrar la forma de inyectar un poco de diversión a lo que hacemos y si podemos acercarnos al trabajo con un espíritu más lúdico, nuestras expectativas cambian, y dejamos de complicarnos las cosas innecesariamente.

No digo que no haya que tomarse la vida en serio ni esforzarse todo lo posible, sino que, si alteramos la presunción de dificultad, derribamos una barrera mental que no es más que un obstáculo, lo que ilustraré con una opinión controvertida.

Una opinión controvertida

En mi condición de emprendedor negro, escucho constantemente el trillado mensaje de que el camino del emprendedor es mucho más complicado para las personas negras que para los demás, y estadísticamente parece ser correcto, porque solo un pequeño porcentaje de emprendedores negros consiguen inversores para sus proyectos. Según el relato aceptado, está más que demostrado que para nosotros es más difícil y que estamos en desventaja.

Me temo que no tengo mucho tiempo para dedicarle a este punto de vista y he tenido algunos problemas en ese aspecto. He sido acusado de distanciarme de mi identidad negra, sea lo que sea que eso signifique, pero me mantengo firme en mi opinión. Si yo arranco pensando: «Ay, qué difícil es ser emprendedor siendo negro», automáticamente voy a dar por hecho que me resultará casi imposible recaudar dinero. Si me digo que un inversionista no hará negocios conmigo porque soy negro, y me creo la historia que me cuento de que ya he empezado con el pie izquierdo, entonces ocurrirá lo que me imagino: no seré capaz de reunir el dinero que necesito. Si espero que algo sea difícil, lo trataré como algo difícil, y si me dejo vencer por el relato de las dificultades insuperables, no haré que ganar sea más fácil, sino todo lo contrario.

Entonces, propongo una perspectiva diferente: ser un emprendedor negro es una ventaja competitiva enorme, y esto lo creo de verdad. Al pertenecer a una minoría, puedo sobresalir. Hay miles de organizaciones que otorgan fondos y programas de apoyo a emprendedores negros, lo que significa que tengo a mi alcance un conjunto de recursos a los que otros no pueden acceder, y el hecho de que, en ciertos ambientes, se suele subestimar la capacidad de las minorías, permite superar las expectativas con más facilidad.

Quizá no seas un emprendedor negro, pero quizá creas que hay otros obstáculos que son propios de tu situación personal o demográfica y afectan negativamente tus posibilidades de triunfar y, si lo permites, harán exactamente eso. Sin embargo, si eres capaz de modificar tus presunciones, haces que el triunfo sea inmensamente más fácil porque tus expectativas tienen un impacto real en el resultado.

Nunca te victimices.

Si lo haces, los demás no sufrirán, pero tú dejarás de crecer.

Por lo tanto, el único que pierde eres tú.

Recalibra tus expectativas

Volvamos al gimnasio. Cuando tenía veintidós años y unos kilos de más, decidí que había llegado el momento de ponerme en forma y me dije: «¿Qué hace la gente cuando quiere ponerse en forma?». Bueno, por lo general, comen un poco menos, consumen más proteínas y van al gimnasio. Entonces, me pareció que ese era el camino más simple.

Salvo, claro está, que tan simple no es. Al menos, si hemos decidido seguir la filosofía de que el que no sufre no gana, el que no trabaja es débil y todos esos mensajes de los vídeos de YouTube que influyeron tanto en mi forma de pensar cuando era más joven. Porque, admitámoslo, todos perdemos el foco o nos desmotivamos por momentos. A veces, voy a cenar fuera y la comida está tan buena que pido otro plato, incluso hasta llego a pedir postre, y hay veces que no tengo ningunas ganas de ir al gimnasio. ¿Qué debo hacer entonces? Yo veo dos opciones. Puedo autoflagelarme por mi falta de motivación y autocontrol, y asumir que he perdido la batalla, o puedo decir tranquilamente: «No pasa nada, hoy voy a comer postre y no voy a ir al gimnasio, pero mañana me pongo las pilas». Puedo reconocer que a veces el gimnasio me aburre e intentar solucionarlo pidiéndole a un amigo que me acompañe. Puedo predecir que habrá escollos en el camino.

Esta mentalidad es crucial en el mundo de los negocios. Ya en los comienzos de Fanbytes, veía que la compañía era perfecta para hacerla crecer, aumentar las ganancias y venderla. Nunca pensé que sería un proyecto descabelladamente difícil porque sabía que otros estaban haciendo algo similar, pero también sabía que no sería del todo fácil. Las posibles dificultades que consideré incluían que los algoritmos podían cambiar, que surgirían nuevas redes sociales y otras desaparecerían, que muchos otros competirían por el mismo espacio y que algunos ofrecerían lo mismo por menos dinero. Entonces, decidí ajustar mis expectativas para que, cuando algo no saliera tan bien, no me tomara por sorpresa y no me hiciera cambiar el rumbo.

Ganar resulta más fácil cuando recalibramos nuestras expectativas sobre cómo sucederán las cosas en el futuro, reconocemos que habrá dificultades y nos damos permiso para no sentir miedo ni ansiedad por los posibles resultados. Si no esperamos complicaciones, recibiremos una desilusión; pero si nos preparamos para contratiempos inesperados, estaremos mejor preparados para hacerles frente cuando ocurran.

Habituarse a la idea del éxito

Uno de mis libros preferidos es *Psicocibernética*, del Dr. Maxwell Maltz, que se publicó por primera vez en 1960 y en el que se presenta el concepto de la psicología de la autoimagen y su impacto en el éxito y la felicidad. Maltz, cirujano plástico de profesión, observó que muchas personas experimentan un aumento de la autoestima después de una transformación física, mientras que otras siguen considerándose «defectuosas» de alguna manera u otra, lo que lo llevó a concluir que la imagen que tenemos de nosotros mismos suele tener más poder que la realidad. Nos cuesta distinguir entre lo que es real y lo que imaginamos.

Según Maltz, el paciente que, a pesar de haber eliminado sus cicatrices con cirugía plástica, sigue pensando que es defectuoso, se ha autoconvencido del tipo de persona que es, y esa convicción es inamovible. Algo así le ocurre al vendedor que no puede superar las cincuenta libras en ventas, incluso en una zona en la que todos los demás vendedores normalmente superan las quinientas: se ha definido a sí mismo como un vendedor de cincuenta libras y es incapaz de alterar esos parámetros mentales. Se ha repetido esa historia tantas veces que termina actuando como si fuera un hecho indiscutible.

No es un hecho indiscutible, y uno de los aportes más importantes de Maltz es la idea de que podemos sacar provecho de esa tendencia a reformular nuestra autopercepción. Nuestro primer truco era que somos las historias que nos contamos. En ese capítulo, te conté cómo yo, cuando era muy joven, me ponía mis mejores ropas y me iba a trabajar al vestíbulo del Claridge's. Mi meta era habituarme a la idea del éxito, usar para mi beneficio el hecho de que al cerebro le cuesta distinguir entre lo que es real y lo que imaginamos, y reprogramar la imagen que tenía de mí mismo.

Cuando fui creciendo, seguí haciendo lo mismo, pero de otras maneras, insertándome, por ejemplo, en entornos donde yo era el menos inteligente y el menos exitoso. Asistía a eventos sobre redes con emprendedores que habían recaudado decenas de millones de libras, cuando yo, en comparación, había logrado reunir sumas minúsculas. Me apuntaba a charlas sobre fondos de capital privado en las que no tenía ni idea de lo que estaban hablando, y después tenía que buscar las palabras y los conceptos cuando llegaba a casa. Era un proceso realmente incómodo, me hacía sentir pequeño y fue un golpe duro para el ego. Al ponerme en esas situaciones, me habitué mentalmente a la idea de que merecía estar allí y me di permiso para pensar a gran escala, algo que hubiera resultado imposible quedándome dentro de mi zona de confort.

Hacer que ganar sea fácil no se trata de hacer que todo el tiempo sea fácil. Reprogramar nuestra imagen de nosotros mismos puede ser un proceso doloroso porque nos obliga a admitir que no somos lo que queremos ser, pero el camino difícil de hoy conduce al camino fácil de mañana, y cambiando tus circunstancias y habituándote a la versión de tu yo del futuro puedes hacer que ganar sea inevitable.

Rodéate de un grupo de ganadores reducido y selecto

Del mismo modo en que podemos hacer que ganar sea fácil adaptando nuestro entorno de forma tal que el éxito sea algo normal, también podemos hacer un esfuerzo consciente para rodearnos de personas cuya presencia en nuestra vida tiene una influencia que solo puede ser positiva. En mi caso, prefiero prestar atención a un pequeño grupo de entre seis y ocho personas que hacen ciertas tareas mucho mejor que yo, que dedicar una mayor parte de mi tiempo a escuchar a un grupo más grande y variado.

Las personas en mi grupo reducido no necesariamente deben dedicarse al mismo negocio que yo; ellos se dedican a lo suyo y yo, a lo mío. No obstante, su presencia en mi vida me aporta ventajas que yo absorbo casi como por ósmosis y que me facilitan el triunfo en mis propios proyectos. Aprendo de su experiencia y sabiduría, recibo valiosísimos comentarios y críticas constructivas de gente que me despierta confianza y cuya opinión respeto, y cosecho las ventajas de diversas perspectivas que contribuyen a ampliar la mía propia. La presencia de ellos en mi vida me da más ganas de elevar mis principios, exigirme más y aspirar a la excelencia.

Al principio, el proceso de seleccionar y organizar a un grupo reducido y selecto de nuestros pares puede tener el mismo efecto hiriente para el ego que insertarte en un entorno donde eres el menos inteligente y exitoso, pero en ambas situaciones, el hecho de soportar el dolor inicial de sentirnos algo inferiores luego nos permite hacer que ganar sea más fácil.

El sentimiento inicial de inferioridad pronto rinde sus frutos, es prácticamente inevitable. En su libro *Hábitos atómicos*[1], James Clear propone que uno «no se eleva para igualar el nivel de sus metas, sino que desciende para igualar el nivel de sus sistemas». Me parece una observación muy profunda que implica que el grado de nuestro éxito depende más del proceso que diseñamos para obtenerlo que del deseo de alcanzar cierto objetivo. Nos ubicamos en el nivel básico de los sistemas que creamos para nosotros mismos, y si esos sistemas se han formado bajo la influencia de un grupo cuidadosamente seleccionado de personas inteligentes, capaces y ambiciosas, nuestro nivel inicial será el de una persona inteligente, capaz y ambiciosa. Es casi automático.

El camino de menor resistencia

Padezco el trastorno por déficit de atención con hiperactividad (TDAH), un trastorno neurodivergente que, entre otros efectos, acentúa mi tendencia a la procrastinación. Cuando tengo que hacer algo en un plazo razonablemente largo, espero hasta el último minuto para ponerme a hacerlo. Una vez debía dar una charla en una importante conferencia de *marketing* al día siguiente de una boda familiar, compromiso que había aceptado unas seis semanas atrás, pero, para no perder la costumbre, me puse a corregir las diapositivas en el tren que me traía de vuelta de la boda. Dado que, obviamente, no llegué a enviarlas a los organizadores a tiempo para que las cargaran en el sistema, tuve que conectar mi ordenador portátil al proyector delante de más de mil delegados, y, como te imaginarás, el ordenador dejó de funcionar. La decisión de procrastinar me estaba pasando factura.

No es necesario tener un trastorno neurodivergente para que la procrastinación sea un problema; es algo de lo que sufre mucha gente, y, en mi opinión, es el motivo por el que nos cuesta tanto arrancar cuando tenemos por delante un largo trabajo. Incluso las tareas más pequeñas pueden acumularse en nuestra cabeza, convirtiéndose en obstáculos más grandes de lo que deberían ser. Una forma de que ganar resulte más fácil es encontrar la manera de comenzar los proyectos que hemos venido posponiendo a fin de crear el impulso inicial, y eso significa, a mi entender, seguir el camino de menor resistencia.

Cuando seguimos el camino de menor resistencia, vemos que, de forma natural, tendemos a seguir la ruta que evita obstáculos y dificultades. Al igual que el agua y la electricidad, los seres humanos generalmente preferimos evitar la resistencia y optar por los atajos. Sin embargo, seguir el camino de menor resistencia puede tener consecuencias negativas. Cuando examinamos soluciones posibles, solemos recurrir a soluciones conocidas y muy usadas porque tendemos a tratar de evitar el gran esfuerzo que implica lo complejo y desconocido, pero no advertimos que estamos excluyendo alternativas que tienen el potencial de funcionar mejor. En las relaciones personales, solemos evitar hablar de temas complicados o muy emotivos, y, en cambio, escogemos temas que ya sabemos que no ofenderán ni causarán malestar, pero eso no ayuda a solucionar los problemas de fondo ni a expresar los rencores que callamos.

Por lo tanto, el camino de menor resistencia no siempre es el mejor, y hasta puede convertirse en una forma de evadir responsabilidades, pero, en mi opinión, hay formas de usar esta técnica para tener más probabilidades de superar los obstáculos. A veces, seguir el camino de menor resistencia puede hacer que ganar sea más fácil, y esto se aplica particularmente a gente como yo, que tiende a procrastinar.

Te contaré un ejemplo que ocurrió el mismo día en que escribí estas páginas. Me he puesto la meta de hacer ciertos ejercicios todos los días para no perder la flexibilidad. Sé que son buenos para mí y que hacerlos solo reporta ventajas, siendo las desventajas nulas, pero, a veces, aunque realmente quiero hacerlos, me dejo llevar por la procrastinación y los pospongo. Uno de esos ejercicios consiste en acostarse de espaldas en el suelo y subir las rodillas para fortalecer los tendones; esa es toda la complejidad que tiene. Esta mañana, sin embargo, estaba en la cama y no podía reunir la fuerza de voluntad para levantarme y hacerlo; me parecía demasiado esfuerzo. (El déficit de atención ataca de nuevo). Para no sentirme tan mal por ser incapaz de hacer lo que tenía pendiente, tomé el camino de menor resistencia y, acostado en la cama, levanté las rodillas un par de veces. No es lo ideal hacer ejercicio sobre una superficie blanda, como un colchón, pero no me importó y, al cabo de dos o tres repeticiones, me sentí con la energía suficiente para pasar al suelo y ponerme a hacer el ejercicio correctamente.

Si no hubiera encontrado el camino de menor resistencia, una manera fácil de continuar, hubiera pasado otro día sin hacer el ejercicio. El primer paso es el más importante.

Lo mismo me pasa en la vida en general, y, por supuesto, en los negocios. Supe durante mucho tiempo que necesitábamos un nuevo modelo de presentación de ventas para Fanbytes porque nuestra oferta, ya más desarrollada, no se reflejaba en nuestras presentaciones habituales, lo que seguramente nos estaba haciendo perder ventas. Un nuevo modelo de presentación nos ayudaría a vender más, y más ventas significaban más ingresos, de los que me beneficiaría directamente, así que a nadie le convenía tanto como a mí tener ese nuevo modelo de presentación.

Así y todo, me dejé llevar por la procrastinación. Pasó un mes, luego dos, luego tres, y yo seguía sin empezar. ¿Por qué? Porque crear una nueva presentación de ventas requiere mucho trabajo; hay que pensar en la estructura, encontrar los estudios de caso adecuados, capacitar al equipo… El esfuerzo mental que requería era enorme, pero ya la situación se estaba tornando ridícula; con la de ventajas que obtendríamos, era una locura no ponerse a ello, así que un día pensé: «¿Cuál es el camino de menor resistencia? ¿Qué es lo más pequeño que puedo hacer para empezar de una vez?». Me senté y escribí unas cuantas ideas en el teléfono, nada refinado, ni siquiera muy bueno, pero era un comienzo y significaba que había dado el primer paso. Al igual que cuando levanté las piernas echado en la cama, apuntar las ideas me dio un poquito de impulso y me puse a crear dos diapositivas, luego cuatro, y así hasta que en una semana había terminado la presentación. Tardé meses en empezar la tarea, y logré completarla obligándome a realizar la tarea más pequeña posible.

La acumulación es un proceso de gran impacto. La repetición de pequeñas acciones incrementales permite lograr avances importantes. A veces, el camino de menor resistencia hace que ganar sea más fácil porque es la ruta más directa para llegar adonde quieres ir.

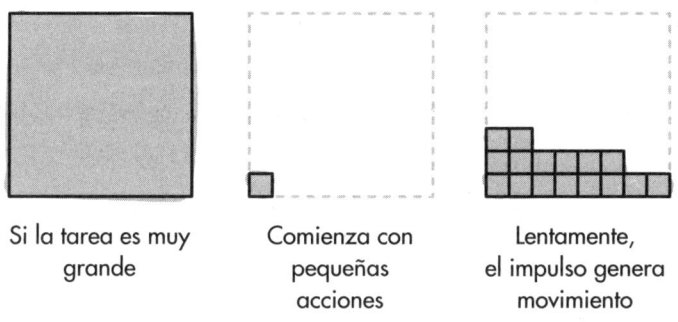

| Si la tarea es muy grande | Comienza con pequeñas acciones | Lentamente, el impulso genera movimiento |

Las reglas son nuestras amigas

Steve Jobs se vestía todos los días de la misma manera: jersey de cuello alto, vaqueros y zapatillas. En parte, lo hacía para reducir la fatiga de decisión, puesto que no tener que gastar energía en decisiones triviales le permitía reservarla para las decisiones importantes. Yo intenté seguir su ejemplo y crear un uniforme personal, pero me gusta demasiado la ropa bonita y variada como para tanta austeridad. Sin embargo, la fatiga de decisión es algo real y la estrategia de Jobs tiene un fondo de sensatez. Podemos hacer que ganar nos resulte más fácil eliminando el número de decisiones conscientes que debemos tomar, y para ello, contamos con la ayuda de nuestras amigas las reglas.

Una de mis reglas de vida es no comer entre horas. Como tres veces al día, el desayuno, la comida y la cena, y no como nada entremedias. Aplicar esta regla a mi vida me ayuda a mantener un hábito saludable, y es un ejemplo claro de cómo podemos diseñar nuestra vida intencionalmente para que el comportamiento que deseamos se convierta en nuestro comportamiento habitual. Se trata de disminuir la fricción automatizando el proceso de toma de decisiones y reduciendo la necesidad de fuerza de voluntad, y, al mismo tiempo, de crear medidas de protección para evitar ignorar o menospreciar aspectos importantes de la vida. Las reglas no tienen que ser castigos ni restricciones. Podemos mantener la salud de nuestras relaciones amorosas asegurándonos de destinar una noche a la semana para una cita romántica. Si tenemos hijos pequeños, podemos reservar un tiempo específicamente para jugar con ellos. Estas reglas nos ayudan a mantener los buenos hábitos con más facilidad y favorecen los resultados positivos.

Imponernos reglas en el ámbito empresarial hace que ganar sea más fácil porque promueve la coherencia y la eficiencia. A mí me resulta particularmente útil para administrar el tiempo. Si ya sé que todos los lunes entre las nueve y las diez de la mañana voy a revisar las metas de venta, y que todos los miércoles al mediodía voy a reunirme con el equipo de finanzas para examinar los números, no tengo la necesidad de agendar esas actividades ni corro el riesgo de ignorarlas por carecer de sistemas adecuados. Así, libero la mente para poder concentrarme en las actividades y las decisiones que tienen real trascendencia.

Anteriormente en este capítulo, mencioné la afirmación de James Clear que dice que no nos elevamos para igualar el nivel de nuestras metas, sino que descendemos para igualar el nivel de nuestros sistemas. Reconocer que las reglas son nuestras amigas es una forma de aplicar esa observación implementando sistemas útiles y rigurosos capaces de limitar la tendencia humana a caer en la procrastinación y la ineficiencia.

Usa la «regla de tres» para cumplir con lo que hay que hacer.

Tres bloques de 90 minutos de trabajo intenso.

Tres objetivos para el mes.

Tres tareas indispensables para el día.

No cuesta nada recordarlo.

No cuesta nada organizarlo.

No cuesta nada hacerlo.

Ignora las distracciones.

Aplícate al máximo.

«La libertad se consigue con disciplina».

Cita atribuida a ARISTÓTELES

La regla 80/20

La regla 80/20 dice que el 80 por ciento de nuestros resultados provienen del 20 por ciento de nuestros esfuerzos. No es una regla matemática rígida, pero es una noción útil que nos ayuda a poner más atención a la eficacia de nuestros esfuerzos, y puede aplicarse tanto en los negocios como en la vida en general.

Cuando Fanbytes empezó, nuestra atención estaba un poco desbordada. Nos entusiasmaba lo novedoso y original, y constantemente queríamos introducir nuevos productos y servicios porque pensábamos que eso era lo que quería el mercado. Dedicábamos horas a esos proyectos y pensábamos que hacíamos lo correcto porque veíamos que muchos de nuestros competidores hacían cosas similares. El problema era que, de todos los servicios que ofrecíamos, solo dos eran rentables: el servicio de *influencers* y el servicio de creación de contenidos; el resto consumían tiempo y recursos sin reportar beneficios tangibles.

Por lo tanto, me vi obligado a sentarme y tomar una decisión. ¿En qué nos teníamos que concentrar para alcanzar nuestra meta final de levantar una empresa que pudiera crecer y venderse? La respuesta fue en la rentabilidad y la retención de la clientela. Si lográbamos dominar adecuadamente esos dos aspectos, asunto resuelto.

Así que fuimos directos al problema. Habiendo notado que un gran porcentaje de resultados se originaban a partir de un porcentaje menor de nuestros recursos, concentramos el esfuerzo adecuadamente para llegar con más facilidad a nuestra meta.

Nosotros usábamos varios canales de *marketing* para promocionar la empresa, pero Google Ads y el *marketing* de contenidos eran los únicos dos que funcionaban, mientras que las charlas públicas, el *marketing* de afiliados en Facebook y otras alternativas similares solo nos hacían perder el tiempo. Esta regla es particularmente útil en el *marketing*, pero también se puede aplicar a muchos otros aspectos de la vida, entre ellos, las relaciones personales, donde una gran parte de nuestro bienestar depende de una pequeña parte de nuestras conexiones. Hacemos que ganar sea más fácil cuando reconocemos ese hecho y reorganizamos la vida de manera acorde.

«No es el incremento diario, sino la disminución diaria.
Desecha lo que no es esencial».

BRUCE LEE[2]

Una identidad pequeña

La capacidad de cambiar de rumbo es esencial para un emprendedor. Fanbytes nació como una repetición de una idea anterior, algo que ocurre mucho en el mundo de los negocios. Netflix comenzó siendo un servicio postal de alquiler de DVD, hasta que Reed Hastings advirtió el potencial de la transmisión digital; y Slack era un componente de un juego de Internet, pero sus desarrolladores se dieron cuenta de su valor como herramienta de comunicación. Los emprendedores que se aferran a sus ideas originales hacen que ganar sea mucho más difícil porque limitan su capacidad de adaptarse a los cambios en las circunstancias.

La adaptabilidad también es esencial en otras áreas de la vida, pero no es algo que se adquiere fácilmente. Los seres humanos tendemos a ponernos rótulos y asociar nuestra identidad a esos rótulos. Decimos: «Soy nutricionista», «Soy médico», «Soy actriz», «Soy contable» y tratamos de vivir ajustándonos a esos letreros, lo que solo lleva a construir una identidad rígida, definida por las etiquetas que nos ponemos. En consecuencia, limitamos nuestras opciones y ganar resulta más difícil. La vida y las carreras profesionales no van en línea recta, lo que significa que, cada tanto, los emprendedores se ven en la necesidad de cambiar de dirección y deben demostrar que son ágiles y capaces de alterar su trayectoria, algo mucho más difícil de lograr cuando tenemos una idea rígida de quiénes somos. No es nada fácil, incluso puede ser doloroso, cambiar la forma en que nos percibimos, pero no hacerlo nos impide avanzar.

Sin embargo, si nuestra identidad es pequeña y flexible, reducimos la tendencia a aferrarnos a una etiqueta en particular, y nos resulta más sencillo intentar cosas nuevas. Por ejemplo, si tengo que definirme con un rótulo, diría que soy una persona «en aprendizaje». Algo más específico ya sería limitante.

Vive como un león

Algunos dicen que hay que estar siempre activo y consideran que descansar es para los débiles, como los gurús motivacionales de YouTube que tanto me influenciaron en mi juventud. Si vas a ser un triunfador, según esta visión del mundo, debes darlo todo cada minuto de cada hora de cada día.

No me parece en absoluto que así sea más fácil ganar. Es imposible mantener ese ritmo agotador y tampoco es muy divertido, además de prácticamente inservible. Si gastas toda tu energía emocional y física cuando menos la necesitas, no te quedará nada para cuando la necesites en serio.

En mi opinión, es mucho mejor vivir como un león.

¿Qué hacen los leones gran parte del tiempo? Descansan. La caza es una actividad que requiere mucha energía, y necesitan conservarla para el momento en que la requieren, y esa es una lección que podemos aprender de los leones. El éxito no es intensidad constante; hay momentos en que es necesario poner una marcha más y el equilibrio es imposible, y, en esos casos, debes atacar, darlo todo y hacer lo que haya que hacer. Lo que duren esos estallidos de intensidad dependerá de las circunstancias; puede ser semanas, meses y hasta años. Sin embargo, es tan importante responder con intensidad cuando llega el momento como disfrutar de los periodos de calma.

Cazamos cuando es hora de cazar, pero cuando es hora de relajarnos, nos relajamos.

Haz bien las cosas sencillas

Por último, la forma más eficaz de hacer que ganar sea fácil es precisamente la más simple: hacer bien las cosas sencillas.

Los entrenadores deportivos siempre resaltan la importancia de hacer las cosas básicas con maestría. No es sencillo vencer a un equipo que domina a la perfección las destrezas básicas, y esta afirmación se puede trasladar a la vida. Sé puntual y cuida tu aspecto personal (una empresa de atención al cliente rinde más cuando los empleados se visten bien). Cuidar esos pequeños detalles te darán una ventaja frente a aquellos que los ignoran, puesto que influyen en el trato que recibes y, al mismo tiempo, transmites el mensaje de que sabes hacer bien las tareas fundamentales.

En primer lugar, dirígete correctamente a los demás. Todas las semanas recibo cientos de mensajes de personas ligadas al mundo de los emprendedores, y la mayoría no dominan la simple tarea de comunicarse de manera profesional. Un buen ejemplo es el uso de términos que connotan una relación personal o familiar, como «amigo» o «hermano». Tu posible jefe/cliente/inversor no es tu hermano ni tu amigo, y dirigiéndote a él así solo consigues que te vea como alguien poco serio o profesional. Cuando usas este tipo de lenguaje, te estás saboteando a ti mismo, y, quizá sin saberlo, te estás excluyendo de la conversación.

Asegúrate de ser puntual y actuar con inteligencia. No te distraigas ni te pongas a mirar el teléfono durante las reuniones o las interacciones con tus colegas. Cumple lo que prometes; sé confiable. Implementa estos cambios sencillos en tu vida para que ganar sea mucho más fácil.

Apuntes del capítulo:

- No creas lo que dicen los gurús motivacionales. La vida no tiene que ser difícil.
- Cuando nos divertimos, modificamos la presunción de dificultad y derribamos una barrera mental.
- Si esperamos que haya escollos en el camino, nos resulta más fácil enfrentar los problemas que surgen.
- Rodéate de un grupo reducido y selecto de tus pares para elevar tus niveles básicos.
- Las reglas facilitan las decisiones porque automatizan las cosas triviales.
- En algún punto, todos tendremos que cambiar de rumbo, y nos resultará más fácil hacerlo si nuestra identidad es pequeña y flexible.
- Cazamos cuando es hora de cazar, y cuando es hora de relajarnos, nos relajamos.

TRUCO 4

Actúa a pesar del miedo

Suena el teléfono.

—Hola, Timo —me saluda una voz.

—Hola —respondo nervioso.

Es miércoles a las nueve de la mañana y esta es mi primera videollamada del día. Es una llamada importante porque, por primera vez en la vida, voy a pasarle un presupuesto de diez mil libras a una posible clienta y tengo miedo. Pero miedo de verdad.

No es la primera vez que pido dinero. He estado reuniendo el valor para cobrar por mis servicios desde mis días como profesor particular y vendí mi último negocio por más de diez mil libras, pero, de alguna manera, esto es diferente. Fanbytes es una empresa bastante nueva, y también la idea del *marketing* de *influencers*, y no sabemos con certeza cuál es nuestro valor. Hasta ahora solo hemos hecho dos campañas, una para una empresa de actividades al aire libre y otra para una tienda de ropa, y en las dos hemos cobrado bastante poco: trescientas libras por una y setecientas por la otra. A cambio, ofrecimos un *influencer* y cincuenta mil visitas en YouTube, lo que para las marcas fue un buen trato, pero no tanto para nosotros. Necesitamos subir un par de escalones ya. Por eso, la estrategia para este nuevo cliente, una marca de palomitas de maíz muy distinguida, es pedir diez mil por tres *influencers* que generarán treinta mil visitas o, en otras palabras, cobrar diez veces más y proveer la mitad del servicio. Por más que nuestros primeros precios eran ridículamente bajos, y nunca deberíamos haber cobrado tan poco, este salto parece muy grande, y me siento como si intentásemos engañar a la posible clienta, y que seguramente se dará cuenta.

Eso es lo que me da tanto miedo, tanto que no puedo mirarla a los ojos y tengo que abrir otra pestaña en el ordenador para no tener que verle la cara. Así es mucho más sencillo y menos aterrador.

Respiro hondo. Es hora de preparar el terreno para hablar de dinero.

—Creo que tu marca se prestaría muy bien para una campaña de *marketing* de *influencers* —le digo.

—Estoy de acuerdo y por eso me he puesto en contacto contigo.

—Genial. Hemos identificado que el grupo principal al que se dirigirá la campaña son los estudiantes y nos gustaría sugerir tres *influencers* específicos porque creemos que encajarán con ese público.

—¿En qué te basas?

—Los datos demográficos indican que ellos concentran una buena parte del público estudiantil, los comprenden y tienen la capacidad real de atraerlos y generar participación.

Silencio total. No sé si la clienta está pensando una pregunta, si hay un problema con la conexión o si lo que he dicho no le ha impresionado para nada. Siento que el sudor me resbala por el cuello, pero sigo hablando.

—La campaña sería algo así: el *influencer* está estudiando, se toma un descanso y comenta que tomará un refrigerio saludable, entonces nombra tus palomitas de maíz…

Otra vez silencio.

No puedo esperar más; tengo que ir al grano.

—Con estos tres *influencers*, te garantizamos… —me he puesto nervioso— treinta mil visitas.

Silencio.

—Y el servicio completo costaría unas…

Ya he contado en el primer capítulo que de niño era tartamudo y, a pesar de que he logrado superarlo, a veces tartamudeo cuando me pongo nervioso.

Respiro hondo. «Actúa a pesar del miedo».

—Costaría unas diez mil libras.

Silencio.

Me siento mal. Lo sabía; se ha dado cuenta.

Y entonces, la clienta responde:

—Bueno, está bien.

Pestañeo y sonrío, y la ansiedad desaparece. Al final, no era necesario estar tan asustado.

O quizá sí, porque quizá poder actuar a pesar del miedo es una destreza importante.

La gente cree erróneamente que las personas que logran cosas importantes no tienen miedo, que no sienten ansiedad ni aprensión antes de intentar algo difícil o incómodo, como si tuvieran un tipo de habilidad especial que les permite actuar como robots sin sentir temor alguno. Esta idea errónea se acentúa en las redes sociales, puesto que allí las personas pueden componer con facilidad versiones de sí mismas que los presentan como individuos temerarios y con una envidiable confianza en sí mismos, y tendemos a caer en la trampa de pensar que la imagen que muestran al mundo es un fiel reflejo de su interior. En realidad, la ansiedad y la aprensión son sentimientos completamente normales que experimenta toda la gente normal, pero el verdadero desafío está en no permitir que el miedo nos paralice y utilizarlo en nuestro favor para mejorar los resultados. En este capítulo, vamos a pensar en algunas maneras de lograr ese objetivo.

Los triunfadores también tienen miedo, pero actúan igual.

Ellos también experimentan esa sensación de tener el estómago encogido.

A ellos también les tiemblan las piernas antes de dar una presentación.

Ellos también tienen esa incertidumbre y esa inquietud antes de dar un gran salto.

La única diferencia es que ellos actúan.

El músculo para moverse con miedo

La primera vez que pedí diez mil libras por una campaña sentí terror. ¿Y sabes lo que pasó la primera vez que pedí cien mil? Exactamente lo mismo. Las gotas de sudor, el tartamudeo, la incapacidad de mirar a los ojos al posible cliente.

Pero la cosa es que la primera vez que pedí doscientas mil ya me resultó más fácil. Era mucho más de lo que había pedido hasta entonces, pero, por alguna razón, me puse menos nervioso, y pienso que se debió a que ya había estado ejercitando el músculo para moverse con miedo. Este músculo, como cualquier otro, cuanto más lo usas, más se fortalece.

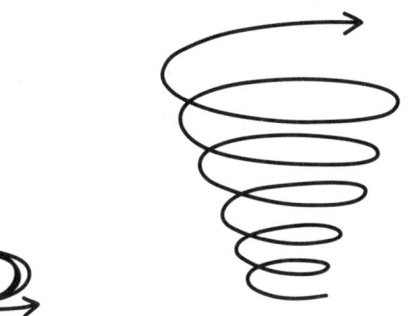

Permitir que el miedo   Actuar a pesar
     nos paralice   del miedo

La misma secuencia también se puede aplicar a la primera vez que pedí dinero a un inversor. En esa ocasión, la suma fue veinticinco mil libras, y créeme que casi me muero ensayando el discurso, y, cuando lo presenté, casi me muero otra vez. Cuando pedí medio millón, fue exactamente igual, pero habiendo ejercitado ya dos veces el músculo para moverse con miedo, la experiencia de pedir un millón de libras fue mucho menos estresante. Lo mismo pasa cuando empiezas a ir al gimnasio y te duele un músculo al ejercitarlo por primera vez, pero luego cada vez te duele menos.

En los negocios y en la vida, nos enfrentamos diariamente a nuevas dificultades y debemos decidir si nos alejamos de ellas o resistimos la tensión y el estrés, que irán cediendo a medida que sigamos actuando.

«Haz lo que te da más miedo y la muerte del miedo
será segura».

Cita atribuida a Ralph Waldo Emerson

No valgo lo suficiente

Cuando vuelvo a repasar aquellas primeras solicitudes de fondos, con todo lo que sé ahora, me resulta evidente que estaba atribuyendo los motivos equivocados al miedo que sentía. Pensaba que la causa era mi creencia de que no valía lo suficiente y de que seguramente había otros mejores que yo que no tenían miedo de intentarlo, pero ahora sé que no es así. Las otras personas no son mejores que yo, y el miedo que sentía provenía del intento de hacer algo nuevo y desconocido. Cuando ejercitamos el músculo para movernos con miedo, sentimos el mismo dolor y las mismas molestias que al empezar a ejercitar cualquier otro músculo.

No te sabotees

Déjame que te cuente la primera vez que me ofrecieron dinero por dar una charla. No era la primera charla que daba, y hasta había logrado superar mi tartamudez y la ansiedad normal que se suele sentir antes de hablar frente al público, pero era la primera vez que me pagaban, y eso convirtió la experiencia en algo totalmente nuevo. La charla se realizaría en una conferencia sobre *marketing* que tendría lugar en Belfast, y los organizadores me ofrecían pagarme el traslado y el hospedaje, además de mis honorarios, cuyo importe querían saber.

Apenas entró el correo en la bandeja de entrada de mi Toshiba portátil rojo, sentí un nudo en el estómago. ¿Honorarios? ¡Madre mía! Nunca se me hubiera ocurrido que alguien realmente estuviera dispuesto a pagar para escuchar lo que yo tenía que decir, y ya la sola idea de cobrar por hablar me daba algo de vergüenza. Igualmente, me estaban pidiendo una cifra, así que reuní valor y pedí ochocientas libras, y al instante dijeron que sí. El trato estaba cerrado, y yo iría en avión a Belfast para cumplir con lo prometido. Qué tiempos aquellos…

Finalmente, llegó el día esperado, pero yo no estaba contento; estaba aterrado y no sabía por qué. Llegó la hora de partir hacia el aeropuerto, y no paraba de dar vueltas y perder el tiempo, y cuando llegué al mostrador para hacer el *check-in*, el avión ya había despegado. Como había otro vuelo a Belfast que estaba a punto de salir, los organizadores me reservaron un asiento, y, en poco tiempo, me encontraba surcando los cielos.

Entonces no me daba cuenta, pero ahora comprendo que perder el vuelo no fue un accidente; de algún modo, fue un acto intencional porque me daba miedo dar esa charla y una vocecita en la cabeza me decía que, si perdía el vuelo, podía eludir el compromiso que me producía tanta ansiedad con una excusa razonablemente creíble: «Tenía muchas ganas de asistir, pero, lamentablemente, perdí el avión».

Pienso que es normal tender a autosabotearnos cuando nos da miedo hacer algo, aunque lo hagamos inconscientemente. Es una manera de evitar hacer eso que nos da miedo, y se puede manifestar de varias formas. Podemos procrastinar y decir que no estamos listos y que es mejor esperar, aunque el motivo real sea el miedo. Podemos escondernos tras un escudo de perfeccionismo y dejar que gane el miedo al establecer metas poco reales para nosotros y para el compromiso que hemos asumido, evitando así el compromiso *per se*. (Podemos hacer las cosas bien para poder avanzar; no necesariamente hay que hacerlas a la perfección. La constancia mata al perfeccionismo siempre).

Tal vez no resulte fácil mitigar el efecto de esos momentos de autosabotaje, justamente porque suelen ocurrir de manera inconsciente o se disfrazan de conductas que inicialmente nos resultan tentadoras. Por eso es importante que nos obliguemos a estar atentos ante la posibilidad del autosabotaje cuando sentimos miedo de enfrentar un problema en particular. Examina tus motivos con atención. ¿Estás siendo tan racional como crees al demorar una tarea a la que no te quieres enfrentar? ¿O te estás dejando dominar por el miedo?

El camino hacia el cuerpo que quieres es el entrenamiento que quieres evitar. El talento que quieres se consigue con la práctica que quieres evitar. Para obtener la riqueza que quieres debes atravesar la incertidumbre que quieres evitar. La vida que quieres se consigue superando los desafíos que quieres evitar. No te sabotees y deja de evitar.

Establece tus expectativas

No sé nadar. Bueno, no sabía nadar cuando escribí esto, pero a lo mejor ahora, cuando estás leyendo estas palabras, ya he aprendido porque he empezado a asistir a clases. Le tengo miedo al agua y eso me limita; por lo tanto, debo superar ese miedo.

Por el momento, he aprendido a flotar dando brazadas, y he de decir que venía haciéndolo estupendamente, hasta que un día, después de haber dado varias clases, me zambullí en la piscina e intenté flotar como había aprendido, y no lo conseguí.

No poder flotar cuando uno no sabe nadar bien es una idea que asusta, y no voy a fingir que en aquel momento no sentí ansiedad, pero el miedo no fue tan grande como podría haberlo sido porque me fijé expectativas claras antes de comenzar a ir a clases. Me dije que probablemente mi progreso no fuera uniforme, que algunos días me iría mejor en las clases y otros días no tanto, así que cuando mi actuación en la piscina no fue tan brillante como me hubiera gustado, el hecho de no poder flotar no acrecentó el miedo que le tengo al agua. No me sentí especialmente incómodo ni avergonzado, y fui capaz de decir: «Ah bueno, esto es un desastre, pero sabía que me podía ocurrir algo así». Fui capaz de ver ese fracaso como parte de las reglas del juego.

La técnica mental de fijarnos expectativas claras es crucial tanto en los negocios como en la vida (ya lo hemos hablado en el capítulo anterior: «Haz que ganar sea fácil»). También es de gran utilidad para ayudarnos a dominar nuestros miedos, porque cuando esperamos que el miedo forme parte del proceso, su posible impacto disminuye. Al anticipar la complejidad, la vida se simplifica.

Ojo con la sala de confort

Habrás oído hablar de la zona de confort. Es el entorno, o el conjunto de circunstancias, en el que funcionamos con facilidad y sin sentir ninguna presión mental ni física. Algunos lo llaman pozo de confort, un agujero del que quieres salir lo más rápido posible, pero a mí no me convence mucho ese nombre porque la vida en un pozo es lúgubre y oscura, mientras que este lugar es bastante acogedor, al menos en la superficie. A mí me gusta más pensarlo como una sala de confort.

En la sala de confort hay un sofá grande y mullido, y un televisor en la pared, y tenemos a nuestra disposición toda la comida y la bebida que nos gusta. Es un lugar amplio y hermoso, bien aislado de las dificultades del mundo exterior. No te dejes engañar: la sala de confort es un lugar suntuoso y perfecto para pasar el tiempo.

El problema es que, en realidad, la sala de confort es una cárcel, agradable y bonita, no lo niego, pero, al fin y al cabo, una cárcel que nos restringe porque, si siempre hacemos solo lo que nos resulta cómodo, nunca lograremos crecer de verdad. La única manera de hacerlo es abrir la puerta de la sala y salir, lo que seguramente no te resultará fácil ni agradable, sobre todo si has estado tranquilamente refugiado en esa sala durante un tiempo considerable. Puede que asuste salir de la sala de confort, pero sé que muchos coincidirán conmigo en que hacerlo cada tanto no viene nada mal.

Vemos el miedo como una emoción negativa, y a veces lo es, no cabe duda. Si el miedo nos limita y nos impide tener nuevas experiencias en la vida, si nos lleva por el camino del autosabotaje, entonces es necesario evitarlo por completo. Sin embargo, si lo controlamos y lo enfrentamos abierta y directamente, el miedo es algo bueno, puesto que nos permite aprender y crecer, ejercitar el músculo necesario para moverse con miedo —lo que aumenta la confianza en nosotros mismos—, y nos abre las puertas a nuevas oportunidades que nunca estarían a nuestro alcance si nos quedáramos encerrados entre las cuatro bonitas paredes de la sala de confort.

Luchar o huir

Imagina que eres un jugador de *rugby* profesional que se prepara para entrar en el campo, o un atleta que está a punto de competir por la medalla de oro en los cien metros. Ya has hecho lo mismo cientos de veces. Has trabajado, has entrenado y lo tienes todo bajo control.

Pero en algún lugar, en un rinconcito de tu cabeza, estás asustado, y está bien que así sea.

El miedo dispara la producción de adrenalina, la hormona y el neurotransmisor que activa nuestra reacción de «luchar o huir». La adrenalina aumenta el flujo sanguíneo en los músculos, la fuerza y la velocidad, además de agudizar la concentración mental y provocar un estallido de energía. En la época de los cazadores-recolectores, esas respuestas eran necesarias para sobrevivir en un mundo lleno de amenazas, y en cierta medida todavía lo son, pero, así como los deportistas profesionales saben que pueden utilizar la adrenalina que corre por sus venas cuando esperan el sonido del silbato o del disparo inicial, nosotros debemos saber que también podemos utilizarla cuando queremos actuar magistralmente en una situación de negocios.

Esas mismas respuestas que nos ayudaban a huir de los peligros del pasado, como un tigre diente de sable, surgen instintivamente cuando salimos de la sala de confort y activamos el músculo para moverse con miedo.

Las personas inteligentes que no tienen coraje terminan viviendo en la amargura porque ven cómo les va mejor a algunas personas menos inteligentes que sí lo tienen. No seas alguien inteligente sin coraje. Actúa.

Duda de la misma duda

Hasta ahora, he intentado convencerte de que el miedo puede ser una respuesta positiva en ciertas situaciones, y que actuar a pesar del miedo es una estrategia racional que nos puede conducir a crecer y triunfar. Sin embargo, a veces el miedo puede resultar paralizante. Necesitamos una estrategia para enfrentar esos momentos en los que nos resulta imposible actuar a pesar del miedo porque este se ha convertido en una barrera.

Para mí, la estrategia consiste en dudar de la misma duda. He descubierto que esta manera de pensar tiene un gran impacto en mi vida tanto personal como profesional.

Estuve sin pareja mucho tiempo. No es que no quisiera salir con chicas, incluso pensaba que no me iría tan mal, pero no podía evitar ponerme nervioso cuando hablaba con miembros del sexo opuesto, y eso no me dejaba avanzar. Por eso, he decidido seguir mi propio consejo y he comenzado a dudar de la misma duda, lo que me ha obligado a analizarla, identificar los motivos que me hacen sentir de cierto modo y cuestionar los preconceptos que podrían haberme llevado a sacar cierta conclusión. Dicho análisis me ha permitido comprender que la ansiedad que me provocaba la idea de la cita provenía de pensar que me rechazarían si decidía acercarme a una posible pareja, lo que me haría sentir vergüenza o humillación, y temor a que otras personas me juzgaran negativamente. No me basaba en nada real para predecir esos resultados, pero no hay nada que hacer: somos las historias que nos contamos. En cuanto me pregunté por qué pensaba de esa manera, me dije que tal vez no era el único pensamiento posible y tomé la decisión consciente de reformular mis expectativas para pensar que, si tenía una cita, seguramente todo iría bien, y las barreras mentales dejaron de existir. Tampoco es que la idea de una cita ahora me produzca cero ansiedad, pero al cuestionar la validez de mis miedos más extremos, me permití ver la situación desde otra perspectiva, y sobra decir que he mejorado notablemente en ese campo.

Cómo superar las dudas sobre tus logros:
Duda de la misma duda. Cuando comiences a hacerlo, tendrás menos dudas y serás libre para lograr lo que te propongas.

«Tendemos a sufrir más en la imaginación
que en la realidad».

SÉNECA[3]

Cuestiona la evidencia que existe

Ya te he contado que cuando debía pedir honorarios o dinero a los inversores, o cuando empecé a hablar en público, no me quedaba otra que hacerlo a pesar del miedo. También te he contado que una vez que empecé a ejercitar el músculo del miedo, desapareció el terror visceral que sentía cuando tenía que hacer esas cosas en ámbitos más intimidantes. Al principio pensaba que yo era el tipo de persona a la que le cuesta pedir dinero o hablar en público, pero, al final, resultó que no lo era.

No siempre podemos convencernos de creer este tipo de cosas. Es cierto que podemos internalizar la idea del éxito trabajando en el Claridge's o definir la persona que queremos ser, y podemos utilizar el poder del pensamiento positivo, pero, a veces, nuestras creencias se nos resisten. Las creencias nacen de nuestra experiencia y van tomando forma según la evidencia. Si esa evidencia nos lleva a pensar que tenemos ciertos límites, debemos conseguir pruebas nuevas que nos ayuden a dar vida a una creencia alternativa, y solo hay una manera de hacerlo: salir de la sala de confort y entrar en una situación que directamente confronte tus presunciones negativas y las limitaciones derivadas de tus creencias. El proceso no es agradable, pero es necesario si quieres crecer y avanzar, y solo consiste en actuar a pesar del miedo.

Casi nunca la vida es tan aterradora como los escenarios ultranegativos que ensayas en la cabeza. Ponte en movimiento y verás que de forma natural dejas de pensar demasiado. La acción es el antídoto para la ansiedad.

Toma la decisión y confía en el proceso

En la época de Fanbytes, llegamos a un punto en el que tuvimos claro que tendríamos que dejar ir a varios de nuestros clientes más antiguos porque algunos nos ocupaban demasiado tiempo y no nos permitían concentrarnos en clientes con más potencial, y otros, la verdad sea dicha, eran realmente un dolor de cabeza. Ganábamos dinero con ellos, pero el jaleo cada vez valía menos la pena. Sin embargo, rescindir los contratos con esos clientes significaba perder el 30 por ciento de nuestros ingresos, y eso no es algo que se hace sin cierta cuota de aprensión. La decisión que debíamos tomar era más que aterradora.

Tomar decisiones nos puede asustar porque tememos tomar la decisión incorrecta y que el resultado final no sea el óptimo, pero, al mismo tiempo, tomar decisiones es parte integral de los negocios. Cuando diriges una empresa, te enfrentas diariamente a una infinidad de decisiones, y la gran pregunta es cómo podemos encontrar un modelo que nos permita manejar el miedo al fracaso.

Descubrí que la clave es comprometerse con el proceso y prácticamente olvidarse de la decisión. Una vez que está tomada, la decisión forma parte del pasado y el objetivo final se encuentra en un punto azaroso y desconocido del futuro. El único comportamiento racional posible es reconocer que nos hemos comprometido con cierto curso de acción y confiar en el proceso.

Siento gran admiración por la gente que decide correr un maratón varios meses antes. Esas personas hacen exactamente lo que recomiendo aquí: toman una decisión y, una vez tomada, ya no necesitan preocuparse por ella, solo por invertir su tiempo y esfuerzo, comprometerse con el entrenamiento requerido y confiar en que eso los conducirá a un resultado favorable, es decir, terminar el maratón. Podemos aprender mucho de esa manera de pensar.

No profeso la fe cristiana, pero mi madre sí lo hace, y nunca olvidaré algo que solía decirme: «Voy a dar lo mejor de mí y el Señor hará lo demás». Siempre me pareció que era una frase muy bella, y una forma inteligente de pensar. De alguna manera, mi madre comprendía la necesidad de controlar lo controlable y distanciarse de aquellos resultados que no dependían de ella. Mi madre comprendía la necesidad de tomar la decisión y confiar en el proceso.

> «La preocupación no conduce a nada. Si llegas preocupado por cómo te va a ir, ya has perdido de antemano. Entrena duro, preséntate, corre lo mejor que puedas y lo demás se arreglará solo».
>
> Usain Bolt [4]

Solo soy un momento de su día

Sobreestimar el interés que otras personas podrían tener por las minucias de nuestra vida nos puede llenar de terror. Hace poco, vi en el gimnasio a una mujer joven que daba vueltas alrededor de una de las máquinas. Era obvio que quería usarla pero no sabía cómo. Estaba viendo un vídeo instructivo de TikTok en su teléfono, pero evidentemente no le servía de mucho. Cuando estaba a punto de alejarse, le pregunté si necesitaba ayuda, y ella se mostró increíblemente agradecida por haberle dedicado unos minutos de mi tiempo y me confesó que no quería parecer tonta delante de todo el mundo.

Traté de imaginar lo que pensaba que diría la gente. «¡A que no sabes lo que ha pasado hoy en el gimnasio! Había una mujer que quería usar una máquina y no sabía cómo, así que se tuvo que ir. ¡Debe ser una inútil!». Obviamente, nadie va a pensar eso porque cada uno tiene la mente en sus cosas. Esa mujer fue un momento insignificante del día de los que estaban allí.

En el capítulo anterior, te conté cómo mi tendencia a la procrastinación me hizo pasar un momento desafortunado cuando se me murió el portátil mientras daba una presentación importante frente a miles de personas, una situación bastante incómoda. O quizá no tanto, porque, como me dije a mí mismo ese día: «Dentro de 24 horas la gente del público se habrá olvidado de este momento por completo, incluso quizá antes». ¿Cómo lo sé? Porque soy humano y sé que la mayor parte del tiempo me encuentro lidiando con mis propios pensamientos y preocupaciones, y no me fijo en los pequeños errores que cometen otras personas. Solo representan un minuto de mi día. Y si yo pienso así, es natural pensar que los demás también piensan así. Yo solo represento un minuto de su día.

Cuando nos preocupamos por cómo nos podrían juzgar los demás si fracasamos, sucumbimos al temor, pero la realidad es que nadie nos juzgará; es más, probablemente ni siquiera piensen en nosotros.

Solo eres un minuto en la vida de los demás

A veces, en una empresa hay que tomar decisiones desagradables, como, por ejemplo, despedir a un empleado. Déjame que te cuente la primera vez que tuve que hacerlo.

Era obvio que esta persona no encajaba bien con la empresa. Su trabajo no era lo suficientemente bueno y él no se llevaba del todo bien con los demás empleados, y creo que todos nos dábamos cuenta, incluso el empleado en cuestión, de que debía abandonar la empresa. La situación era mala y demorar lo inevitable no ayudaba en nada. Durante semanas me abstuve de actuar porque me daba miedo tener esa conversación, y eso era así por dos razones. En primer lugar, la situación era algo nuevo para mí y se hallaba fuera de mi sala de confort, y, en segundo lugar, sentía cierta empatía con el empleado. Este trabajo le daba un ingreso fijo, y dejar de contar con ese dinero sería muy perjudicial, por no hablar de la humillación que seguramente le provocaría el despido. No podía soportar la idea de verlo triste o de imaginármelo solo en su casa sabiendo que su presencia sobraba en la empresa.

Entonces, cuando ya no podía seguir dilatando la cuestión y le pedí que nos sentáramos a conversar un momento, la ansiedad se manifestó con una respuesta física: se me agarrotaron los dedos de los pies, literalmente, y se me revolvió el estómago. La idea de despedir al empleado me aterrorizaba, pero, al final, no me quedó otra que actuar a pesar del miedo.

No ayudaría mucho sugerir que esta conversación tan difícil fue tan solo un minuto en el día de aquel empleado, un acontecimiento sin real importancia que en 24 horas ya estaría olvidado, como la muerte de un portátil en medio de una conferencia, pero, con el tiempo, aprendí otra gran verdad. Es inevitable tener que despedir a alguien de vez en cuando; cualquier empresario lo ha hecho en algún punto, pero cuando me encuentro con mis exempleados, como me pasa cada tanto, veo que no les he destruido su carrera, que no les propiné el golpe fatal del que nunca han podido recuperarse. Por lo general, han conseguido otro empleo y, si bien lamentan que las cosas no hayan funcionado entre nosotros, lo entienden perfectamente y ya han pasado página.

La empatía es un atributo positivo, se mire por donde se mire, nadie lo discute, pero a veces empatizamos de más y eso nos conduce a sobreestimar el impacto que tienen nuestras acciones sobre la vida de otros. El primer empleado al que despedí no tardó mucho en encontrar un nuevo empleo. Supongo que durante unos días habrá pensado que yo era el peor ser humano sobre la Tierra, pero luego seguramente siguió con su vida, y ahora dudo de que recuerde con rencor sus días en Fanbytes, tal vez ni siquiera los recuerda. Entonces, si bien aquella conversación incómoda no fue solo un minuto de su día, fue solo un minuto de su vida. Si hubiera pensado así la primera vez que despedí a alguien, no habría sido una experiencia tan aterradora.

Habría sido desagradable, por supuesto, y quizá un poquito atemorizadora, pero no para que se te agarroten los dedos de los pies.

Porque tú lo vales (no, en serio...)

Unas últimas palabras sobre el miedo en el mundo de los negocios. A veces, me ofrezco a ejercer de mentor para personas que tienen una destreza en un área en particular, pero tienen miedo de transformar esa destreza en un negocio. Esto es algo que les suele pasar a quienes quieren montar una empresa de servicios, porque se sienten un poco estafadores cuando piden dinero por algo que suelen hacer sin pedir nada a cambio. Por ejemplo, para un talentoso diseñador gráfico, acostumbrado a dar consejos de diseño a sus amigos, puede resultarle incómodo pedir dinero a un extraño por brindar el mismo servicio. Esta sensación de aprensión es más común de lo que uno imagina, y es extremadamente limitadora.

Si reconoces esta tendencia en tu manera de actuar, déjame que te sugiera un pequeño truco para afrontar ese temor. La idea es reformular la situación en la cabeza: tú no estás timando a nadie ni estás queriendo sacarle dinero a un pobre incauto; tú eres una persona con conocimientos que ofrece un servicio que beneficia directamente a tu cliente, y ningún cliente lo pagaría si lo que cobras supera el beneficio que recibe. Si lo piensas así, el foco de la transacción ya no es el dinero que pides, sino el servicio vital que recibe el cliente y que tú le proporcionas. Pides dinero porque tú lo vales.

No te niego que al principio te dará un poco de temor, pero reformular la situación de ese modo te puede dar el impulso que necesitas para actuar a pesar del miedo.

No dejes que el miedo te atrape en la red de la duda eterna.

Piensas una idea.

No la llevas a cabo.

Ves que otro sí lo hace.

Sigues sin actuar.

A la otra persona le va bien.

A ti eso te molesta.

Al final, terminas pensando que ellos tienen algo que tú no tienes.

Te cuentas una sarta de patrañas sobre por qué no pudiste hacer lo que querías.

El ciclo vuelve a empezar.

No seas esa persona.

Actúa. Actúa a pesar del miedo.

Apuntes del capítulo:

- En los negocios y en la vida, cuanto más ejercitas el músculo para moverte con miedo, más fácil te resulta hacer cosas que te atemorizan.
- No pierdas de vista nuestra tendencia a autosabotearnos cuando nos enfrentamos a proyectos que asustan.
- Prepárate para los momentos aterradores que seguro que ocurrirán, y así no sentirás que te desbordan.
- ¡Sal de tu sala de confort!
- Recuerda que la adrenalina mejora el desempeño.
- Analiza tus miedos. Identifica las ideas preconcebidas. Duda de la misma duda.
- Cuando cuestionamos la evidencia disponible, creamos nuevas creencias.
- Una vez que has tomado una decisión, no le des más vueltas y confía en el proceso.
- La gente piensa menos en ti de lo que crees. Eres solo un minuto de su día, mejor dicho, de su vida. No te limites pensando lo contrario.

TRUCO 5

La originalidad está sobrevalorada

Jamás en mi vida he tenido una idea original.

Todo lo que he hecho en mi carrera como emprendedor lo he robado de alguien, y Fanbytes no es una excepción. La idea no era original, como tampoco lo fueron las otras varias con las que experimenté antes de llegar a ella. Como ya he contado, mis socios cofundadores y yo trabajamos primero en Bandzie, una idea basada en una empresa estadounidense llamada Prizeo, en la que los usuarios tenían la posibilidad de ganar experiencias con sus celebridades favoritas. Prizeo hacía rondas de financiación para conseguir fondos, y, además, generaba mucho dinero, y me pareció buena idea adaptar ese modelo al mercado británico. La idea no resultó tan buena, pero en el proceso trabajamos con algunos *youtubers*, lo que nos hizo comprender la influencia que ejercían, y conocimos empresas como Neoreach e Influential, dos compañías jóvenes especializadas en el *marketing* de *influencers* que tenían cierto éxito en los Estados Unidos. Decidí tomar el concepto de «marketing de influencers» y adaptarlo al mercado británico y, más específicamente, al nicho de la generación Z.

Te podrá parecer que esta falta de originalidad no es algo para presumir y que debería darme vergüenza confesar algo así. A todos nos gustaría ser originales y que todo el mundo pensara que somos creativos e innovadores, que razonamos de maneras alternativas y que eso tiene su recompensa, pero esa no es mi forma de pensar; de hecho, pienso todo lo contrario. Yo soy partidario de robar ideas y conocimientos, como Jay-Z hizo con Mark Twain, y creo que, si bien la historia no se repite, riman muchas de sus partes.

En este capítulo, no solo espero convencerte de que la originalidad está sobrevalorada y de que copiar a los demás es solo un truquillo para acortar el camino hacia el éxito; también espero convencerte de que la falta de originalidad es un componente esencial del éxito, no solo en los negocios, sino en la vida en general. Y espero que las ideas de este capítulo te ayuden a pensar como si fueras un «ladrón de soluciones».

Reimagina lo que ya existe con creatividad

No ser original no es lo mismo que no ser creativo. Algunas de las grandes empresas del momento se basan en ideas poco originales que han sido reimaginadas con creatividad.

Uber es un buen ejemplo. La gente usa taxis y los pide por teléfono desde hace décadas. La supuesta innovación de Uber fue el uso de una aplicación para eliminar la tarea de tener que hablar con el operador telefónico. Uber mejoró la experiencia, no cabe duda, pero el servicio básico no tiene nada de original.

Airbnb se originó como un sitio web donde se ofrecían lugares para pasar la noche en casas particulares. Dormir en el sofá de alguien es algo que se viene haciendo desde antes de que naciéramos tú y yo. Lo que hizo Airbnb fue facilitar y mejorar la conexión entre las partes, pero ya existía el servicio básico.

Cuando observamos a los emprendedores más exitosos de los tiempos modernos, podemos ver que su éxito se basa en su capacidad para reimaginar negocios existentes con creatividad. Veamos algunos ejemplos:

Oliver Bridge

A los veinticinco años, Oliver Bridge ya había fundado varias compañías, entre ellas un sitio web que proveía calzado en tallas especiales para gente con pies grandes y un sitio web que permitía comprobar el posible género de un nombre desde cualquier parte del mundo. En ambos casos, Oliver identificó un problema que requería solución y la proporcionó. Luego, identificó otro problema, que también era el suyo: la piel sensible. Oliver gastaba mucho dinero en productos de afeitar que le irritaban la piel, y al conocer la empresa estadounidense Dollar Shave Club, se inspiró para crear Cornerstone, una empresa que vendía productos para hombres con piel sensible y los enviaba por correo. La idea no era nueva, pero reimaginaba un concepto existente con creatividad.

Alex Chesterman

A mediados de 2000, había muchos sitios web inmobiliarios, como Rightmove o FindaProperty en el Reino Unido, y Zillow en los Estados Unidos. Crear uno nuevo parecía una locura, con tanta oferta en el mercado británico, pero para Alex Chesterman no lo era en absoluto, por lo que decidió crear Zoopla. Cuando creó el sitio, Alex tomó una idea poco original y le dio su propio toque aprovechando los datos sobre los precios de las viviendas y poniéndolos a disposición del consumidor. No intentó reinventar la rueda; solo la mejoró un poquito. Diez años después, vendió la compañía dueña de Zoopla y otros sitios web por 2,2 millones de millones de libras.

Will Shu

Will Shu es un analista estadounidense que trabajaba para Morgan Stanley. Cuando tuvo que trasladarse a Londres por trabajo, descubrió que allí era imposible pedir comida a domicilio a altas horas de la noche. En los Estados Unidos había empresas como GrugHub, que proveían dicho servicio a cualquier hora, y Shu tomó esa idea, la aplicó al mercado británico, especialmente a los restaurantes que no estaban preparados para la economía digital, y el resultado fue Deliveroo.

Ray Kroc, de McDonald's, Howard Schultz, de Starbucks, Jeff Bezos, de Amazon... podemos seguir hasta el infinito nombrando emprendedores que reimaginaron ideas existentes y tuvieron un éxito tremendo.

Los hermanos Samwer

Los Samwer son tres hermanos alemanes que hicieron una fortuna con el concepto de la falta de originalidad. Para ellos no es un simple truco; es todo un plan de negocios.

Los Samwers identifican empresas exitosas en los Estados Unidos, las clonan para el mercado europeo y casi siempre terminan vendiendo la copia a la empresa original. En 1999, solicitaron a eBay que les permitiera crear una versión de la plataforma para Alemania, pero la empresa se negó. Entonces, ellos crearon su propia plataforma y la llamaron Alando. Al principio, crearon un poco de movimiento en el sitio vendiendo los juguetes de cuando eran niños, y pronto despertaron el interés de eBay, que vio que tenía un competidor importante en Europa y decidió comprar Alando apenas cien días después de su fundación por la suma de treinta y cinco millones de libras. Luego, los hermanos fundaron Jamba, una empresa de tonos de llamada, y la vendieron a Veri-Sign, un competidor estadounidense, por ciento setenta y seis millones de libras. A lo largo de los años siguientes, invirtieron en la versión alemana de YouTube, Twitter y Facebook, y luego, clonaron otras empresas, como Airbnb, Pinterest y Groupon.

Hay quienes miran con desprecio a los hermanos Samwer por su forma de utilizar lo que ya está inventado, pero yo no estoy entre ellos. Muchos emprendedores, sobre todo en Silicon Valley, sobreidealizan la originalidad y lo único que les interesa es encontrar esa idea de oro que va a cambiar el mundo, y, probablemente, esa sea la razón por la que tantos fracasan. Tal vez si adoptaran la mentalidad de los Samwer, aumentarían sus posibilidades de triunfar con un negocio. Es importante aclarar que el método de los Samwer no siempre es el más fácil. Cuando fundaron su clon de eBay, en Alemania había varios sitios de subastas, pero lo que los llevó al éxito fue la excelencia en la ejecución de su plan. Ser poco original no significa ser un haragán; para que una idea triunfe hay que esforzarse bastante.

Triunfar no es ser el primero que tiene una idea, sino ser el que mejor la pone en práctica.

Las ideas «originales» son las hijas de las ideas que ya existen

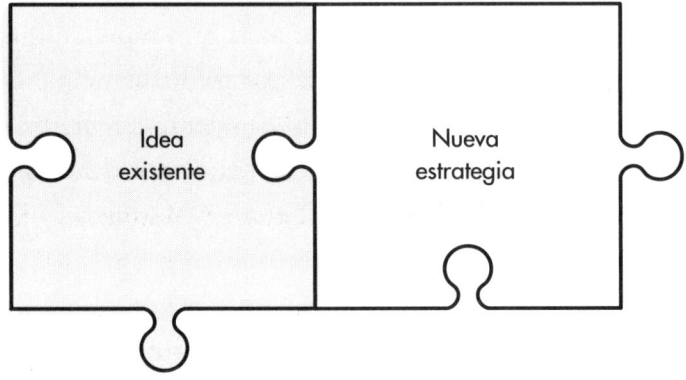

Las ideas que consideramos originales suelen ser hijas de dos o más ideas que ya existen. Apple no inventó el ordenador personal ni el sistema operativo. Tesla no inventó el automóvil eléctrico ni la pantalla táctil. Yo no inventé el *marketing* de *influencers* ni el *marketing* de marca, sino que tomé ideas prestadas para crear algo propio. Vemos esta estrategia todo el tiempo en todo el mundo, especialmente en las artes creativas. Cualquier músico que se te ocurra reconocerá a los artistas que lo influenciaron sin problemas, y lo mismo sucede con los novelistas y los pintores. En esas áreas, se acepta, y hasta se fomenta, la noción de generar ideas nuevas partiendo de otras existentes, y no hay motivo por el que no podamos hacer lo mismo en el ámbito de los negocios. Los seres humanos siempre han generado nuevas ideas adaptando ideas viejas, y así es como hemos progresado.

Me gustaría comentar tres estrategias para adaptar ideas existentes con el fin de crear ideas nuevas. La primera es tomar una idea y aplicarla en otra ubicación geográfica, que fue lo que hice yo cuando tomé el modelo del *marketing* de *influencers* de los Estados Unidos y lo adapté para el mercado británico. La segunda es tomar una idea y aplicarla a otro grupo demográfico, como es el caso de onefinestay, que es un Airbnb de lujo destinado a los acaudalados. La tercera es identificar las empresas que usan los productos secundarios o deshechos de otros negocios para ofrecer un producto o un servicio valioso. Un buen ejemplo es la empresa llamada Oddbox, que recoge las frutas y verduras que normalmente serían descartadas por tener mal aspecto y las vende a menor precio.

«No existen las ideas nuevas. Es algo imposible.
Lo que hacemos es tomar muchas ideas viejas y ponerlas en una especie de caleidoscopio mental. Les damos un par de vueltas y forman combinaciones nuevas e interesantes. Seguimos dándoles vueltas y creando nuevas combinaciones una y otra vez, pero siempre son las mismas piezas de cristal de colores que se han venido usando durante siglos».

MARK TWAIN[5]

Deja de esperar el momento de la epifanía. Mira a tu alrededor, fíjate en lo que funciona y hazlo mejor. Mejorar las cosas tiene más valor que la originalidad.

El modelo de los dos pasos

¿Cuál es la mejor manera de encontrar soluciones poco originales a los problemas que pueden surgir en los negocios? ¿Leyendo libros? ¿Consultando a mentores? Nadie niega que las dos fuentes de información tienen su valor, pero el problema es que la mayoría de las personas quieren recibir consejos de los gigantes en su campo. Si quieren consejo sobre inversiones, por ejemplo, es probable que lean a Warren Buffet, quien seguramente tiene muchas cosas interesantes que decir, pero los problemas de los que se ocupa él suelen ser mucho más complejos que los problemas que debe resolver un inversor inexperto, por lo que los consejos de Warren Buffet puede que tengan un valor limitado. A mí me parece mejor consultar a alguien que esté solo dos pasos delante de ti.

Supongamos que tu negocio tiene una facturación de diez mil libras al mes. Por lo general, lo primero que haría alguien en tu situación sería buscar el consejo de algún emprendedor superexitoso cuya empresa vale cien millones de libras, y lo más probable es que reciba un montón de palabras motivacionales que suenan muy bien, pero muy poco en materia de estrategias factibles que le permitan pasar al siguiente nivel en su crecimiento. En cambio, si consultamos a alguien cuyo negocio factura unas cincuenta mil libras al mes, es más probable que recibamos consejos tácticos y aplicables a nuestro escenario.

En mi carrera empresarial yo mismo he caído en esta trampa y he buscado el consejo de emprendedores ultraexitosos, y las respuestas que me dieron, si bien no eran malas, resultaban irrelevantes para alguien en mi posición. Cuando Fanbytes empezó a facturar más de un millón de libras al año, me apunté a unas jornadas de *coaching* a cargo de alguien que había sido muy exitoso a principios de la década de los 2000. Todo lo que me dijo esa persona era válido, pero casi nada me servía porque sus consejos se centraban en pasos y estrategias que estaban muy lejos de donde estaba yo. Por ejemplo, me dijo que debía centrarme en la importancia de la cultura de la empresa, y quizá me llames hereje, pero en aquel momento la cultura era la menor de mis preocupaciones, y con esto no quiero decir que no sea importante. Mi preocupación más urgente era conseguir clientes y ser capaz de mantenerlos, y me parecía que la cultura podía esperar. Otra cosa que me dijo fue que tenía que considerar la idea de entrar en el mercado global, lo que para él tenía todo el sentido, puesto que acababa de vender su negocio por cuatrocientos millones de libras, y en ese contexto lo normal era pensar globalmente. Si Fanbytes hubiera intentado entrar en el mercado global en ese momento, seguramente habría fracasado, porque no contaba con un equipo lo suficientemente grande ni una oferta de servicios lo suficientemente amplia. Habríamos hecho aguas por los cuatro costados.

Lo que necesitaba oír era lo siguiente: hasta que tus ingresos no superen los dos millones de libras, tu prioridad debe ser idear una manera repetible de conseguir clientes. Cuando la hayas encontrado, debes encontrar una manera repetible de mantenerlos. Sin clientes no hay empresa y, en esa etapa del camino evolutivo, lo único que importa es la supervivencia; todo lo demás es una distracción. Los grandes triunfadores seguramente han olvidado ese hecho, pero está fresco en la memoria de aquellos que nos llevan dos pasos de ventaja.

Olvídate del pensamiento creativo y fantasioso porque vas a tener que trabajar sin descanso como cualquier dueño de un negocio que acaba de empezar. La mejor forma de hacerlo es buscar y aplicar soluciones poco originales a problemas que han existido siempre recurriendo a aquellos que los han experimentado en el pasado reciente. Entonces, si tu equipo tiene diez personas, no busques consejo de alguien que tiene un equipo de cien, sino de alguien con un equipo de veinte. Si facturas cien mil libras al mes, no busques consejos de la persona que factura un millón, sino de la persona que factura doscientas mil libras al mes. (Esta estrategia también se puede aplicar fuera del mundo de los negocios; por ejemplo, si buscas consejos sobre una relación amorosa y tienes treinta años, es más probable que alguien de cuarenta te dé consejos más relevantes que alguien de setenta).

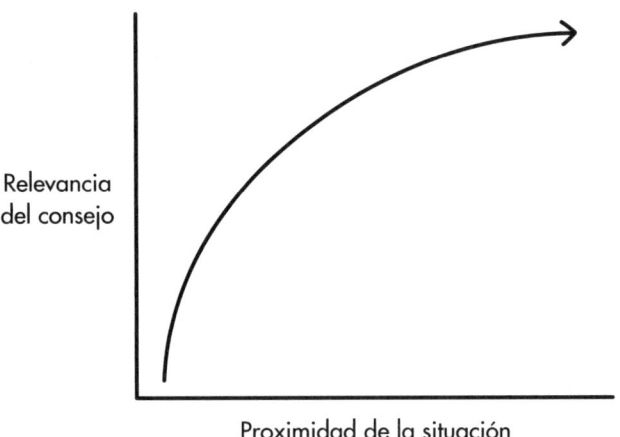

Relevancia del consejo

Proximidad de la situación

Gánate el derecho

Tuvimos un empleado en Fanbytes al que llamaré Sam. Tenía veinticuatro años y era gerente de campaña; era el segundo empleo que había tenido en su vida. Sam siempre quería hacer las cosas de maneras innovadoras y extraordinarias, y todo el tiempo proponía ideas creativas y locas, pero no le fue muy bien. Como tantos otros jóvenes, Sam ponía demasiado énfasis en la estrategia en detrimento del proceso, y, en mi opinión, su propia estrategia debería haber sido esta: durante seis meses limitarse a realizar las tareas que le asignaban, y hacerlas bien. Si hubiera actuado así, quizá el resto del equipo habría tomado sus ideas más en serio, pero, al no ser el caso, a Sam no le fue bien porque le dedicó más tiempo a ser original que a ser productivo.

El derecho a ser original hay que ganárselo. Los Beatles tuvieron que grabar «She loves you» antes de poder grabar «Revolution 9». Solo cuando tienes tiempo, capacidad y dinero para experimentar puedes darte el lujo de inventar el iPhone, pero mientras tanto solo te queda ser un poco caradura y hasta un poquito aburrido.

Veo a muchos jóvenes que intentan crear conceptos elaborados en su trabajo. Veneran lo nuevo y se obsesionan con la noción de que sus brillantes ideas merecen la atención por el simple hecho de ser originales, pero no logran comprender que, para aprender a jugar, deben empezar haciéndolo de la manera tradicional, y solo cuando conocen las reglas en profundidad, pueden empezar a saltárselas. Airbnb es un buen ejemplo de una empresa que se ganó el derecho a innovar. Ahora Airbnb ofrece hospedaje en todo tipo de lugares: cabañas de madera, antiguos decorados de cine, castillos… Si hubieran ofrecido este tipo de lugares al principio, habrían fracasado desde el comienzo.

Uno de los futbolistas que más me gustan es Luka Modric; lo pondría en la misma categoría que grandes como Paul Scholes, Patrick Vieira y hasta Frank Lampard. Ellos no son grandes porque son ostentosos y llaman la atención, sino porque hacen bien las cosas simples. Consiguen la pelota, la mueven, hacen brillar a los demás y casi nunca alardean de su habilidad en el campo de juego. Cada tanto tienen un momento de película y hacen un pase de cuarenta metros, pero si Modric y compañía solo se centraran en esos momentos, probablemente nunca habrían llegado a ser jugadores profesionales. Si no hubieran aprendido a hacer bien las cosas básicas, aburridas y poco originales, nunca se habrían ganado el derecho de aspirar a la gloria.

La originalidad está sobrevalorada porque si nos centramos en ella muy pronto y con demasiada energía, perdemos de vista que la ejecución sin fallos de los aspectos más rutinarios de la vida es lo que nos permite acceder a la oportunidad de hacer algo diferente. Dedícate a los aspectos fundamentales en lugar de centrarte en los llamativos, y concéntrate en que las cosas se hagan.

> «Aprende a hacer las cosas. He visto personas en todos los niveles que son muy buenas describiendo problemas […], describiendo por qué tal cosa salió mal o por qué tal otra no se puede arreglar […]. Muchas veces, la mejor manera de que se fijen en ti es hacer lo que sea que te hayan asignado, y hacerlo excepcionalmente bien».
>
> Barack Obama[6]

Deja que trabaje el algoritmo

Dada mi ocupación, mis amigos y conocidos suelen preguntarme cómo deben construir su público en las redes sociales, y siempre les respondo lo mismo: no tratéis de ser originales. Por ejemplo, para hacer un vídeo en TikTok, busca otros con un contenido similar al que quieres hacer y que tengan un buen número de visualizaciones, y copia ese formato. Si te obsesionas con la originalidad, lo más seguro es que termines con un público reducido, pero si copias lo que sabes que funciona, el algoritmo te hará el trabajo pesado. No dejes que tu afán de ser percibido como un genio creativo de las redes sociales te nuble el pensamiento y te haga perder de vista tu objetivo real.

Es fácil cometer ese error; yo mismo lo he hecho. Cuando empezaba a trabajar en mi marca personal y a construir mi propio público, me centré en el contenido y los formatos que más tenían que ver conmigo, y el progreso era muy lento, pero cuando seguí mi propio consejo, mi público creció. El algoritmo demostró que favorecía cierto tipo de contenido y, tan pronto como comencé a producir ese contenido, la cosa cobró ritmo.

El sesgo de la confirmación

El psicólogo cognitivo Peter Watson identifica un sesgo al que somos particularmente propensos, el de la confirmación, que, en mi opinión, es el que nos hace sobrevalorar la importancia de la originalidad.

El sesgo de la confirmación se da cuando interpretamos la información de tal manera que solo confirma lo que ya creíamos, y, al mismo tiempo, ignoramos la información que cuestiona esas creencias. Por ejemplo, si se nos ha metido en la cabeza que hay un gran número de automóviles naranjas en la calle, la creencia se verá confirmada cada vez que veamos uno, pero tenderemos a ignorar la inmensa cantidad de automóviles rojos. Si creemos la idea aceptada de que la originalidad es importante, reforzaremos esa noción cada vez que veamos un producto original o nos impresione un ejemplo de inspiración creativa, y tenderemos a ignorar la vasta cantidad de productos o ideas poco originales sobre los que se construye la vida moderna. El iPhone es una idea original, y cada vez que vemos uno, se confirma la dudosa noción de que la originalidad siempre es buena, pero no solemos impresionarnos cuando pasamos por una ferretería, un restaurante de comida rápida o una empresa de andamios, empresas para nada originales, pero, con seguridad, extremadamente rentables.

Copiar es el camino más rápido hacia la maestría

En el comienzo de su carrera, Leonardo da Vinci pasó años estudiando y copiando las obras de los grandes artistas que lo precedieron. El joven Beethoven imitaba la obra de Haydn y Mozart. Los Beatles hacían versiones de canciones de otros. Bruce Lee perfeccionó las técnicas de varias artes marciales antes de desarrollar su propio estilo, el Jeet Kune Do. Linus Torvalds perfeccionó su comprensión de sistemas operativos ya existentes antes de crear Linux.

Todos estos innovadores copiaron el trabajo de quienes los precedieron con el fin de alcanzar la maestría en un área en particular y poder crear algo cuyo valor aún perdura. Sin embargo, he notado que a muchos los avergüenza la idea de copiarse de otro porque suelen confundir la idea de copiar el trabajo de una persona con el deseo de ser como esa persona. Es un razonamiento defectuoso, sin duda, puesto que la obra no es lo único que define a una persona; también influyen su personalidad y su situación, y miles de otros factores que hacen que alguien sea quien es. Es mejor pensar en la idea de copiar la obra de otro adoptando la mentalidad que seguramente adoptaron Leonardo da Vinci, Beethoven, Los Beatles, Bruce Lee y Linus Torvalds: estoy copiando a esta persona porque quiero mejorar esta habilidad. Si quieres ser escritor, copia a los buenos escritores; si quieres ser un buen peluquero, copia a los buenos peluqueros; si quieres ser un buen emprendedor, copia a los buenos emprendedores. Ese es el camino más corto hacia la excelencia.

Una de las formas en que Fanbytes pudo crecer fue mediante seminarios web y eventos presenciales, en los que me subía al escenario y trataba de vender nuestro concepto. Al principio yo era malísimo, ni sabía lo que estaba haciendo, pero luego descubrí «el webinario perfecto», de Russel Brunson, un método paso a paso para crear el seminario web perfecto y vender en el escenario. Un día hicimos un evento para marcas de moda y decidí seguir el modelo de Brunson, palabra por palabra. En esa charla, hicimos reservas por valor de cuatrocientas mil libras. La venta en el escenario era algo que siempre me había costado, y al final resultó que la respuesta que necesitaba para convertirme en experto había estado oculta en un libro todo el tiempo. Lo único que tuve que hacer fue leer el libro y copiar las instrucciones con exactitud, y asunto resuelto.

Los intangibles

Al comienzo de este capítulo, te alenté a pensar como si fueras un «ladrón de soluciones», y ahora me gustaría darte un ejemplo concreto de cómo aprendí una valiosa lección de negocios al hacerlo.

Hay ciertos desafíos a los que se enfrentan casi todos los que intentan construir una empresa, y esos desafíos suelen presentarse cuando llega la hora de hacerla crecer. Por ejemplo, todo puede funcionar bien cuando tienes veinte empleados, pero en cuanto los duplicas, las cosas suelen comenzar a complicarse.

Ese mismo problema tuve yo en los inicios de Fanbytes. Habíamos alcanzado cierto tamaño, estábamos ganando dinero y queríamos subir de nivel aumentando el número de empleados y consiguiendo más contratos, pero pronto surgieron dos obstáculos. El primero fue que me di cuenta de que, al ampliar las operaciones, no podía estar en todas partes al mismo tiempo y ya no podía ser el principal encargado de tomar las decisiones. Para mí, eso era un problema porque sentía la necesidad de seguir controlando el proceso de toma de decisiones, pero la verdad era que me resultaba imposible y pronto entendí que debía delegar esta responsabilidad en otras personas del equipo. El segundo obstáculo ya fue más complejo, puesto que, al haber duplicado el gasto en personal, los pequeños contratos que nos habían mantenido a flote ya no eran suficientes. Para hacer frente a los nuevos gastos, debíamos conseguir contratos más lucrativos.

Y eso hicimos. Buscamos clientes más grandes que, en lugar de pagarnos diez mil libras por una campaña, estaban dispuestos a pagarnos cien mil. Pensamos, y en ese momento nos pareció razonable, que ofreceríamos el mismo servicio, pero multiplicado por diez; es decir, en vez de ofrecer veinte *influencers* para una campaña, ofreceríamos doscientos. Nos pareció que era la forma lógica de proceder.

No funcionó. A veces, encontrábamos los clientes pero no lográbamos cerrar el contrato, y otras, lográbamos cerrarlo pero terminaba siendo el primero y el último, porque el cliente no regresaba. Perdíamos más clientes de los que conseguíamos, y era de lo más frustrante. Si todo había funcionado tan bien en pequeño, ¿por qué todo salía mal a mayor escala? Intenté pensar en ideas originales para resolver este problema que parecía irresoluble. Como director general de la empresa, me pareció que era mi deber diseñar una solución nueva e ingeniosa, pero no se me pasó por la cabeza que otros seguramente habían atravesado la misma situación y habían podido resolverla. Ni se me ocurrió pensar que la originalidad está sobrevalorada.

Uno de nuestros inversores tenía una empresa de análisis de datos y le iba muy bien. Un día, estábamos los dos charlando y tomando un café, y le expliqué el problema que me tenía tan preocupado: estábamos atrayendo grandes clientes, pero evidentemente no lográbamos satisfacerlos correctamente. O decidían no contratarnos o los perdíamos después del primer contrato. «A nosotros nos pasó exactamente lo mismo», me dijo, y pasó a explicarme con un ejemplo lo que estábamos haciendo mal.

Supongamos que hay dos servicios de taxis. Uno cobra cincuenta libras el viaje al aeropuerto y el otro, doscientas cincuenta. Los dos hacen el mismo trabajo: se aseguran de que llegues al aeropuerto a la misma hora y se ocupan de cargar y descargar el equipaje. ¿Cuál es la diferencia, entonces? ¿Cómo un servicio puede cobrar más de cinco veces que el otro, especialmente en un mundo donde no escasean los taxis? ¿Por qué ciertas personas están dispuestas a pagar el servicio prémium? ¿El servicio más caro tarda la quinta parte en llevarte? Por supuesto que no. La respuesta está en los «intangibles». Puede ser un automóvil un poquito más lujoso, digamos un BMW en lugar de un Prius, o quizá el chofer va vestido de traje, o hay agua fría a tu disposición o incluso una copa de champán. Ninguno de estos intangibles altera el servicio básico, que es llevarte del punto A al B en un tiempo X, pero para cierto tipo de cliente, los intangibles inclinarán la balanza y harán que esté dispuesto a pagar un poco (o bastante) más por un servicio de más categoría.

Esa conversación cambió nuestra perspectiva y nuestro modo de actuar. En primer lugar, comprendí que los intangibles son de vital importancia en el trabajo con empresas y marcas, puesto que los clientes aprecian la sensación de recibir un trato preferencial. Y, además, entendí que las dificultades que experimentaba eran las mismas que atraviesan muchas empresas de servicios, y la solución que necesitaba no era nueva ni original. No tenía que volver a inventar la rueda, sino limitarme a hacer lo que tantos otros empresarios habían hecho antes: considerar los intangibles.

En consecuencia, cambiamos el modo de obrar y decidimos comunicarles a nuestros clientes más importantes que, en lugar de enviarles un informe al final de la campaña, les mandaríamos informes semanales a lo largo de todo el proceso. Para nosotros era tan solo un pequeño ajuste, pero para los clientes era una señal de que recibían un servicio de más alto nivel. También inventamos una categoría prémium en la que los clientes pertenecientes a ella podían elegir a determinados *influencers* selectos. Además, incorporamos tecnologías para la seguridad de marca porque sabíamos lo importante que era protegerla para las grandes empresas. Nuestro servicio básico siguió siendo el mismo, pero los intangibles, que tenían costes muy bajos, agregaron valor real para los clientes, quienes sentían que estaban recibiendo un servicio por el que valía la pena gastar un poco más. Cuando implementé las sugerencias de nuestro inversor, casi instantáneamente comenzamos a ganar y pudimos retener a los clientes más rentables.

Tendría que haberme parecido obvio desde el principio que no necesitaba una nueva solución, sino que debía tomar una que ya existía. Ahora veo la misma estrategia en todos lados. La habitación de hotel con acceso «gratuito» al *spa*, el restaurante con buenas vistas que cobra el doble por el mismo plato que sirve un restaurante con vista a la calle, la niñera que cobra un poco más por lavar los platos cuando los niños duermen, el peluquero que te ayuda a escoger tu estilo y te invita a un capuchino antes de cortarte el pelo. Todos estos son ejemplos de empresas que descubrieron que se puede cobrar más al agregar elementos adicionales de atención al cliente, y eso no tiene nada de original.

Al mundo no le interesa

El principal responsable de nuestro deseo de ser originales es nuestro ego, y no es difícil entender por qué. Todos sabemos cómo sube la autoestima cuando se nos ocurre una idea increíble que no se le ha ocurrido a nadie, o encontramos una solución perfecta para un problema que nadie puede resolver. Más adelante ampliaré la idea de que el ego es el enemigo, pero, por ahora, digamos que si examinamos adecuadamente nuestras motivaciones y la razón por la que necesitamos cierta idea o solución en particular, no debería resultarnos muy difícil ver que es mucho más sensato guardar el ego en el armario y salir a buscar las respuestas donde hay más probabilidades de encontrarlas, y ese lugar es la cabeza de otras personas.

La originalidad no se premia y la falta de originalidad no se castiga. Al fin y al cabo, al mundo no le interesa si eres o no original.

Apuntes del capítulo:

- Las ideas «originales» suelen ser hijas de dos o más ideas que ya existen.
- Busca los consejos de aquellos que te llevan dos pasos de ventaja.
- Ciertas conductas aseguran beneficios. Deja que trabaje el algoritmo de la vida.
- Algunas de las empresas más importantes se basan en reinterpretar lo que ya existe de maneras creativas.
- Si quieres dominar algo a la perfección, copia a los maestros.

- Seguramente no eres el primero que se enfrenta a ese problema en particular, lo que significa que la solución ya existe. Puedes robarla, no es obligatorio inventar una de cero.

TRUCO 6

Construye una red de contactos cuando aún no eres nadie

Una vez, me invitaron a una cena en el hotel Peninsula, situado en una zona exclusiva de Londres, Belgravia. Fue en la época en que Fanbytes aún estaba en crecimiento. Cuando entré en el salón, vi al fundador de Shazam en un extremo de la mesa, al de LinkedIn en el otro y, más allá, estaban los chicos de Money SuperMarket y Skyscanner. Mirara por donde mirara, había docenas de emprendedores increíblemente ricos. Uno de los invitados me saludó y, mientras le estrechaba la mano, no podía dejar de pensar que lo había visto en otro sitio, hasta que de pronto caí en la cuenta de que acababa de conocer a Jimmy Wales, el fundador de Wikipedia.

Y pensé: «Estas son algunas de las personas más ricas e influyentes del mundo de los negocios. ¿Cómo se explica que yo, un chico pobre de Old Kent Road, haya terminado en la misma habitación que toda esta gente?».

La respuesta está en los principios descritos en este capítulo.

Sin conexiones, no hay influencia, y sin influencia, la posibilidad de triunfar en el mundo de los negocios se reduce a cero, pero nadie nace teniendo influencia y conexiones. Para conseguirlas, debemos construir una red de contactos y, por definición, debemos hacerlo cuando aún no somos nadie. El proceso de convertirse en «alguien» es el proceso de construir dicha red.

Cuando pensamos en redes de contactos, se nos vienen a la cabeza los eventos de *networking* y nos imaginamos a gente que intercambia sus tarjetas y dice: «¡Hagamos negocios juntos!». No obstante, pienso que esa es una visión un poco superficial y demasiado transaccional de lo que significa crear una red. En este capítulo, espero convencerte de que la creación de redes no se reduce simplemente a agregar nombres a una lista de contactos, cualquiera puede hacer algo así, sino que trata de profundizar relaciones con otras personas de modo que se beneficien las dos partes. Las relaciones profundas no se construyen de la noche a la mañana; requieren que consideremos las necesidades humanas y las expectativas de la otra persona, y que ideemos formas valiosas de satisfacer esas necesidades. Por eso, cuanto antes comiences, más tiempo tendrás para permitir que las relaciones evolucionen.

Que te conozcan bien es preferible a que te conozcan mucho

La creación de redes en la vida real no es diferente de la creación de redes en los negocios, y las trampas en las que cae la gente son las mismas.

Cientos de personas logran reunir a un gran número de seguidores en las redes sociales, pero la cantidad de seguidores no conduce necesariamente al resultado más valioso: la influencia. Puedes ser la persona más famosa del mundo, pero si lo que dices no influye en las acciones de los demás, el impacto de esa fama será mínimo. Por eso, cuando creamos nuestra red de contactos, la meta no debe limitarse a conseguir contactos a toda costa. La meta más importante no es que la gente reconozca tu cara, sino que piensen que eres una persona creíble y confiable, y que vale la pena conocerte.

Una relación de negocios (y cualquier tipo de relación) tiene más probabilidades de prosperar y perdurar si está basada en la confianza, la lealtad y la comprensión profunda de las visiones, destrezas y fortalezas del otro. La confianza y la lealtad se forjan a partir de conexiones basadas en la autenticidad; no surgen por el reconocimiento masivo y superficial. Entonces, antes de ponernos a hablar de las técnicas que podrías emplear para crear una red de contactos, reflexionemos un instante sobre la diferencia entre profundidad y amplitud, y pensemos en cuál de ellas debería ser nuestro verdadero objetivo. No queremos ser amigos de todo el mundo.

Nunca me pidas consejos profesionales (ni a mí ni a nadie)

Por lo general, cuando queremos crear una red de contactos, queremos hacerlo con aquellos que han logrado lo que nosotros mismos querríamos lograr, personas que están «por encima» de nosotros en algún tipo de jerarquía, y eso es algo totalmente comprensible. Si eres un joven emprendedor que acaba de empezar y quieres ponerte en contacto con alguien que ha vendido tres empresas por valor de millones, desde un punto de vista económico y puramente objetivo, tú eres la persona inferior. No podemos ignorar el hecho de que cada uno está en una etapa diferente de su recorrido ni que, al menos superficialmente, el otro tiene más que ofrecerte a ti que tú a él.

En consecuencia, cuando queremos ponernos en contacto con alguien así, abordamos la relación aceptando nuestra posición inferior, con la mentalidad de un principiante agradecido que le pide consejo a un experto brillante, y eso fija de inmediato el lugar de cada parte en la jerarquía.

Este método a veces funciona. Tal vez atraigas la simpatía de un mentor que ese día no tiene mucho que hacer, pero no es una táctica sostenible porque los beneficios que ofrece no son mutuos, y, además, depende de la bondad humana, que a veces no abunda.

Un método bastante más eficaz es tomar las medidas necesarias para no presentarte como una persona inferior y evitar causar la impresión de que tú eres el que vale menos de los dos. El primer paso es considerar la siguiente pregunta: «¿Cómo puedo aportar valor real a la persona cuya ayuda estoy solicitando?». Si logras crear la impresión de que ambas partes pueden ganar algo en el encuentro, es más probable que obtengas el resultado que buscas, y esto lo digo por experiencia. Muchas veces me contacta gente que no conozco y me invita a tomar un café para pedirme que comparta algunos «secretos de la profesión». No me gusta parecer un estirado o poco generoso, ni es mi intención desilusionar a nadie, pero la verdad es que la idea no me parece para nada atractiva. Básicamente, para mí consiste en apartar un tiempo valiosísimo de mi día de trabajo a cambio de un capuchino de cuatro libras, que es todo lo que obtengo del encuentro. Si yo le escribiera a Warren Buffett para que me contara los secretos para ser un buen inversor, dudo de que recibiera una respuesta favorable, así como tampoco es probable que la reciban los desconocidos de los que acabo de hablar.

Entonces, la gran pregunta es la siguiente: «¿Qué puedo hacer yo, que tengo poca o ninguna experiencia, para darle algo de valor a alguien que tiene más experiencia que yo?».

**HAZ QUE
TE IGNOREN**

**HAZ QUE
TE VALOREN**

Las conexiones son como las ecuaciones: ambos lados deben tener el mismo valor. En las conexiones, a cada lado hay un ser humano, y debemos reconocer la existencia de esos dos seres humanos y su tendencia natural a buscar el propio interés.

Cuando te acercas a alguien, lo haces por interés propio, y es más probable que esa persona te responda si, de alguna manera, ese intercambio satisface su propio interés, y no creo que este recaiga en darte consejos profesionales ni que a ningún multimillonario le resulte tentadora la propuesta de un café gratis. Tenemos que refinar nuestra estrategia; debemos poner en práctica la táctica del tiempo, el dinero y la experiencia.

En el mundo de los negocios, hay tres tipos de valor que pueden aportar las personas: pueden ayudar a otro a ganar más dinero o a ahorrar más tiempo, o pueden ofrecer su experiencia en algún campo. En consecuencia, hay tres «palancas» que puedes accionar. Si conoces a un empresario y le ofreces una idea que le hará ganar más dinero o un truco para llegar más rápido a su meta, es más probable que el empresario te vea como alguien creíble.

En la práctica, las palancas del tiempo y la experiencia son las más eficaces. Cuando acabas de empezar, el tiempo es uno de tus activos más valiosos, y eso te da una gran ventaja porque esa es precisamente la limitación principal en el mundo de los negocios.

Siempre hay muchas cosas que hacer, y si puedes ahorrarle tiempo a alguien, también le estás ahorrando dinero. Pero no podemos ir y preguntarle a alguien qué cosas le llevan más tiempo y ofrecerle nuestra ayuda, porque eso requiere que la persona se ponga a pensar en la mejor manera de poner en práctica tu ofrecimiento, y terminaría perdiendo aún más tiempo. Mejor es estudiar a esa persona de antemano, llegar a entender lo que le resultaría útil, adoptar una actitud proactiva y hacer algo concreto que podría tener valor para él, así, cuando se produzca el encuentro, puedes demostrarle que ya le has ahorrado tiempo.

En lo que se refiere a la palanca de la experiencia, me gustaría darte dos ejemplos para mostrarte su funcionamiento a través de mi propia experiencia.

Russell Buckley es un inversor muy conocido, y yo sabía que no tendría ningún interés en juntarse conmigo para «tomar un café y revelarme sus secretos profesionales», pero yo quería conocerlo. Hubiera sido muy caradura de mi parte sugerir dicho encuentro, y, además, completamente inútil, así que lo que hice fue enviarle algunos recursos que pensé que le serían de ayuda, según mi comprensión del mundo del *marketing* de redes sociales y el *marketing* de *influencers*. Accioné la palanca de la experiencia del modelo «dinero-tiempo-experiencia» y el resultado fue positivo, puesto que al final conectamos y creo que los dos obtuvimos beneficios de dicha conexión.

Ya he mencionado a Alex Chesterman, el exitoso emprendedor que fundó Zoopla. A mis diecinueve inexpertos años quise conocerlo, pero no sabía cómo conseguirlo. ¿Debía enviarle un mensaje invitándolo a tomar un café para que me revelara sus secretos profesionales? Obviamente, eso era algo que jamás sucedería, así que le envié un mensaje en el que detallaba los grandes cambios que estaban ocurriendo en el ámbito del *marketing* de *influencers* y cómo esos cambios podían beneficiar positivamente a su cartera de empresas, y ese simple mensaje nos puso a los dos en el mismo nivel, a pesar de la diferencia de edad y del nivel de riqueza e influencia. Me presenté como un líder reconocido de un nicho específico y le di la impresión de que conocía ese nicho mejor que nadie, y, desde luego, mejor que él. En lugar de pedirle ayuda, estaba demostrando cómo podía ayudarlo a él.

Una variante de esta estrategia consiste en identificar a alguien que crees que podría ser útil para la persona que quieres conocer, y convertirte en el vehículo conductor de ese encuentro, pero la esencia es la misma: debes presentarte como una persona de valor. Si vas a una negociación asumiendo que eres inferior, serás tratado como tal, pero, en cambio, si tienes algo de valor que ofrecer, si por ejemplo entiendes algo mejor que la otra persona o puedes comunicarte con un magnetismo especial, y te presentas de una manera que no dé a entender que lo que buscas es ayuda, recibirás un trato acorde. La otra persona no sentirá que le estás suplicando que te dé una limosna, sino que te verá como una persona seria porque tú mismo te tomas en serio.

La mejor manera de conseguir un mentor es que el mentor piense que vale la pena dedicarte su tiempo. Nadie te va a rescatar del laberinto de la mediocridad; eres tú el que tiene que hacer algo. Demuestra que lo estás intentando y que no buscas solo una limosna, y verás cómo se abre la puerta que querías.

Fortalece tus competencias principales

La mayoría de los jóvenes piensan que no tienen nada para ofrecer (aunque si has adoptado mi truco de la inexperiencia como superpoder, espero que ya no te cuentes entre ellos). He notado que lo mismo ocurre con algunas minorías que piensan que no tienen mucho que aportar, pero eso casi nunca es verdad. Para encontrar la manera de presentarte como una persona de valor, debes prestar atención a las cosas que te resultan naturalmente fáciles, o las cosas en las que tienes algo de experiencia, y luego, establecer cómo pueden esas cosas ser de utilidad para los demás.

En la época de Fanbytes, y dada mi posición de liderazgo, valoraba muchísimo toda la información que pudiera recibir de aquellos que entendían los cambios en las plataformas, y, a medida que la compañía fue creciendo, cada vez fue más importante comprender mejor el funcionamiento de YouTube, Instagram, Pinterest y otras redes. Era habitual que se me acercara gente ofreciéndome información sobre los cambios recientes en los distintos algoritmos y maneras de utilizarlos en mi provecho. Las competencias profesionales de gente ajena a mi esfera inmediata me resultaron de extrema utilidad para capacitar a mi equipo, y aquellos que las compartieron conmigo pasaron a tener un gran valor como integrantes de mi red, un valor que iba más allá de lo estrictamente monetario.

Ser un grande en un entorno pequeño

El objetivo fundamental de fortalecer tus competencias principales es convertirte en un gran pez en un pequeño estanque. Quieres ser la persona a la que todos deseen recurrir cuando se trata de una habilidad o un conjunto de conocimientos en particular. Es más fácil notar a un gran pez en un pequeño estanque que a un pez pequeño en un estanque grande.

En mi caso, yo era el que sabía más sobre la generación Z. No sabía todo lo que hay que saber sobre el *marketing*, ni siquiera sobre las redes sociales, pero en los eventos de redes siempre me presentaban como «Timo, el que sabe todo sobre la generación Z», y eso me hizo notar lo importante que era desarrollar esta competencia mediante la práctica, la destreza y la autopromoción. Las redes se construyen siendo bueno, o el mejor, en cierto ámbito, y para eso es necesario invertir en uno mismo.

«Lo mejor que puedes hacer es invertir en ti mismo.
Las cosas que enriquecen tu talento no están sujetas
a impuestos y son tuyas para siempre […]. Pero si tienes
talento propio y lo has aprovechado al máximo, cuentas
con un capital tremendo que te devolverá diez veces
su valor».

WARREN BUFFETT[7]

Haz los deberes

¿Cómo lo hago para ponerme en contacto con alguien exitoso? Es una pregunta muy buena y a la vez muy común. Un error que solemos cometer es no dedicarle tiempo suficiente al primer paso. No podemos mandar a nadie un mensaje con cualquier excusa mediocre y esperar que te acepten la invitación a tomar un café, es una forma de pensar un poquito simplona. Quieres contactar con una persona seguramente muy ocupada e importante —justamente por eso quieres entablar relación con ella—, y pensar que tu acercamiento desconsiderado obrará milagros es ilógico; prácticamente lo mismo que no pensar. Así y todo, son muchos los que lo intentan e, inevitablemente, muchos los que fracasan.

Antes de iniciar un acercamiento, debes estudiar a la persona en cuestión en todo detalle, algo que hoy en día es muy fácil. Mi estrategia personal es la de los «me gusta» de LinkedIn, que consiste en tomar nota de las cosas que tu persona de interés marca con un «me gusta» en plataformas como esta. A veces, una persona no publica muchas cosas en las redes sociales, pero se puede construir una imagen de ella observando con qué contenidos interactúa. Incluso si la persona es de publicar con frecuencia, es posible hacerse una idea más exacta de sus intereses examinando las cosas que le gustan. Yo mismo he usado esta técnica con buenos resultados para iniciar contactos y enriquecer mi red. Me ha permitido identificar temas que considero óptimos para comenzar un diálogo y presentar una imagen adecuada de mí mismo a alguien que no sabe nada de mí.

Si examinas el perfil de tu persona de interés en las redes sociales, podrás saber en qué plataformas está más activo y en cuáles participa menos, y eso te ayudará a ganar visibilidad en tu primer acercamiento. Por ejemplo, si la persona participa más en Instagram que en YouTube, tu mensaje pasará inadvertido si tratas de acercarte a través de la plataforma más popular, pero si te acercas por la plataforma en la que participa menos, tendrás más probabilidades de que te vea, sobre todo si tu mensaje refleja el fruto de tu investigación.

El filósofo y empresario Ryan Holiday usa una técnica a la que llama «estrategia del lienzo». Esta estrategia se basa en la teoría de que debes utilizar el poder de ofrecer lienzos metafóricos para que otros pinten sobre ellos. Tú haces el trabajo mundano de proveer la materia prima y les das la oportunidad de demostrar su creatividad. Dicho de otro modo, tú identificas la dirección hacia la que se dirige la persona que te interesa y luego la ayudas a preparar el equipaje para llegar a su destino. Supongamos que escuchas en un pódcast que la persona que quieres conocer está interesada en saber más sobre la salud intestinal. Entonces, podrías enviarle algunos artículos que contribuyan a ampliar sus conocimientos sobre el tema y le evitas la tediosa tarea de compilar el material. O quizá al mirar sus preferencias en LinkedIn descubres que quiere saber más sobre el cine francés, las empresas emergentes de IA o la cocina cajún, y al enviarle recursos sobre sus incipientes intereses, te presentas como un compañero que le puede ser útil en el camino que ha escogido.

Las ventajas de recabar información y luego ofrecer algo de valor en el primer contacto son casi infinitas, y las desventajas, casi nulas. Tu primer contacto es la primera ficha de dominó que cae, y si cae en el lugar preciso, pronto irán cayendo una a una las demás. Entablar una relación con la persona correcta te permitirá abrir puertas que conducen a muchas otras oportunidades, y cuando consideres los beneficios exponenciales de crear nuevas redes de contactos, reconocerás la estupidez de no tomarse el tiempo de investigar debidamente a tu futuro contacto y llegar a conocerlo con antelación. Investigar dos minutos es lo mismo que no investigar nada; este es uno de los momentos en que es importante la concentración intensa y focalizada.

El modelo PEPAS

Ahora que has leído hasta aquí, estás en condiciones de desplegar la estrategia que llamo PEPAS [STIRS en inglés].

- **P**repara una libreta de contactos. En una hoja de cálculo de Google anota las personas con las que quieres hablar, junto a una breve biografía y enlaces a sus perfiles en las redes sociales.
- **E**spíalos. Síguelos. Estudia sus perfiles sociales para descubrir lo que les atrae y eso te dará el contexto que necesitas para sobresalir entre los demás.
- **P**iensa en una idea utilizable. Ahora que sabes cuáles son sus intereses, puedes pensar en soluciones e ideas útiles que serán valiosas para el otro.
- **A**cércate a ellos en las plataformas donde son menos populares, puesto que allí habrá menos gente y tendrás más posibilidades de destacar.
- **S**i algo funciona, continúa haciéndolo durante el tiempo suficiente, y habrás construido una red de contactos de primera clase.

Publica contenido en línea

Ya hemos hablado de cómo podrías acercarte a otros en el contexto de un evento de redes, pero esa solo es una cara de la moneda. También es importante que los otros se acerquen a ti. Por lo tanto, debes hacerte esta pregunta: «¿Cómo me convierto en un número valioso en la libreta de contactos de otra persona?».

La respuesta es que, si te haces conocer como alguien valioso, las oportunidades vendrán solas, y hoy en día, la mejor manera de hacerlo es publicar contenido en línea. La mayoría de las oportunidades que han llamado a mi puerta desde que aprendí la estrategia (y tal vez antes) fueron resultado directo de haber publicado mis ideas en Internet, incluso cuando no tenía tantos seguidores.

Los algoritmos de las redes sociales están lo suficientemente avanzados como para que, si publicas algo sobre un nicho o un tema específicos y resulta atractivo, el público lo encontrará y se acercará a ti porque eres la persona que piensa y se comunica de otra manera. Por eso, lo más ventajoso que puedes hacer para crear tu red, y esto se aplica a los jóvenes y a los que no lo son tanto, a los desconocidos y a los que se han hecho un nombre, es comenzar a publicar en línea tus pensamientos y tus ideas, pues uno nunca sabe quién va a estar leyendo o escuchando. Y cuando te acerques a alguien, y esa persona pueda ver el contenido que has publicado, inmediatamente tendrás más credibilidad que alguien que nunca ha publicado nada.

Muchos creen erróneamente que el objetivo de publicar contenido es hacerse famoso, pero en este contexto el objetivo es llegar a ser una voz de autoridad e influencia en un campo en particular. La gente suele dejar de publicar contenido por la desilusión que causa no conseguir acumular un millón de seguidores, y nadie niega que alcanzar dicha cifra es algo maravilloso, pero un millar de seguidores de calidad, entre los cuales ejerces una influencia real, es algo valiosísimo cuando buscas a la persona que podría ser tu próximo cliente u ofrecerte tu próximo empleo.

No te dejes para después

Recuerdo que una vez leí que un empleado de Google abandonó la empresa para fundar la suya propia, y cuando le preguntaron de qué le gustaría haber sacado más provecho estando en Google, respondió que se arrepentía de no haber usado mejor su dirección de correo de dicha empresa.

Lo que quería decir es que ser parte de la marca Google y ser uno de sus empleados trae cierto prestigio, y estar relacionado con la marca es muy valioso cuando estás creando tu red. El empleado en cuestión pensaba que tendría que haber aprovechado más la relación mientras existía, en lugar de esperar, y esto es algo que pasa más veces de las que imaginamos. La gente suele dejarse para después, y se dicen una y otra vez que comenzarán a crear su red cuando tengan su propia empresa y que utilizarán toda su experiencia anterior cuando más la necesiten. Eso se llama «pensamiento inverso». Aunque ocupes el puesto diez mil en Google, Netflix o PWC, aunque estés casi al final de la lista, siempre te resultará valioso usar la dirección de correo de esas grandes empresas mientras te sea posible para aprovechar el prestigio que connota.

Aunque no tengas la posibilidad de aprovechar el prestigio de una firma exitosa, la idea de no dejarte para después es igual de válida. Es muy común ver cómo la gente deja cosas para después cuando fácilmente podrían hacerlas ahora mismo porque piensan que de momento no están listos, pero lo estarán más adelante. Hay un viejo refrán chino que dice: «El mejor momento para sembrar un huerto es hace veinte años, el segundo mejor momento es ahora mismo». No hay ningún beneficio en dejar cosas para después cuando estás creando tu red de contactos, y menos aún si el que queda para después eres tú.

Cómo hacer mejores preguntas

Mi amigo Dan Priestley, un emprendedor muy conocido, me enseñó una táctica de gran valor para crear redes y empresas. La idea es que, cuando te acercas a alguien, debes darle la impresión certera de que vas a triunfar en tu empeño, con o sin su ayuda.

Al actuar de esta manera, inmediatamente cambia la dinámica del discurso. Ya no se trata de decir: «Te necesito para poder triunfar»; sino: «Voy a emprender este camino y me gustaría que me acompañaras, pero, sea cual sea tu decisión, lo haré de todos modos». En la dinámica anterior, inmediatamente pasas a ser el integrante inferior de la relación; en cambio, con la otra, enmarcas tu propuesta de una manera mucho más eficaz. Lo que buscas es básicamente lo mismo, pero te pone en una mejor posición para hacer preguntas y pedir consejos de forma tal que sea más probable que logres entablar esa relación.

Veamos cómo funcionaría la táctica en los negocios. Supongamos que quieres entablar una relación significativa con un posible socio o inversor. Tienes dos maneras de hacerlo:

- Actualmente estamos en las diez mil libras al mes, pero nos está costando llegar a cincuenta mil y sería genial si nos pudieras dar ideas para alcanzar nuestro objetivo.
- Actualmente estamos en las diez mil libras al mes, pero estamos haciendo lo necesario para llegar a cincuenta mil. ¿Cuál fue el mayor desafío al que te enfrentaste cuando pasaste de diez mil a cincuenta mil libras al mes?

La primera forma refleja debilidad; estás afirmando implícitamente que no puedes seguir adelante sin el aporte de la persona a quien te diriges. La segunda contiene la afirmación implícita de que vas a triunfar con o sin su ayuda. Ya te has puesto en camino, estás decidido a llegar a tu destino y, si bien sería fantástico contar con la ayuda de su experiencia, tú llegarás allí de todos modos. No dejes de pedir consejos, pero formula tus preguntas de modo que te presenten de la manera más positiva posible.

Hay un componente psicológico en todo esto. Suele decirse que la gente siente debilidad por el desamparado, y algo de verdad hay en esa afirmación, pero la realidad es que, por lo general, la gente prefiere al vencedor. Ganar es contagioso. El Real Madrid tiene millones de simpatizantes que no son tal por vivir en Madrid, sino porque el equipo suele ganar siempre, y a todos nos gusta formar parte del éxito. A todos nos gusta ser ganadores y podemos experimentar esa sensación relacionándonos con ganadores; por lo tanto, tendemos a integrarnos en una red con personas que pensamos que van a triunfar.

Es importante notar que el objetivo de las dos maneras descritas es el mismo, la creación de una red de contactos que genere resultados útiles y positivos, pero lo que cambia es la probabilidad de éxito; por eso, la manera en que formulas lo que dices es fundamental para obtener lo que deseas.

Deja de disculparte

El tono también es fundamental. Contrariamente a lo que cree la gente, no existe la oración perfecta ni la frase mágica que nos permita iniciar la jugada de forma magistral y acceder a la red de contactos que soñamos. Lo que más cuenta es la actitud, pero no debemos perder de vista que el tono también es importante cuando intentas acercarte a un posible nuevo contacto. Nunca deberíamos usar ciertas frases que nos hacen sonar como si estuviéramos pidiendo perdón. Frases como «perdón por la molestia», «sé que debes estar muy ocupado», «tenía la esperanza de que pudieras» o «estaría bien si alguna vez pudiéramos encontrarnos», son imprecisas y suenan a disculpa, y te presentan instantáneamente como la parte menos importante.

Pero no desesperes, porque todo el mundo cae en esa trampa cuando intenta iniciar un acercamiento, así que no necesitarás esforzarte demasiado para obtener una ventaja, ya que el listón está bastante bajo.

Actúa como un triunfador hasta que lo seas (pero no olvides que aún no lo eres)

Al formular tus preguntas para que no parezcan disculpas y presentarte con una actitud de «contigo o sin ti», estás, hasta cierto punto, aparentando algo que aún no eres, y puede que te preguntes si corres el riesgo de ser percibido de la forma incorrecta. La respuesta es que sí, ese riesgo existe. La arrogancia es un rasgo muy poco atractivo y, en lugar de atraer posibles contactos, los alejará, por lo que debemos aprender a no caer en ella.

La clave, en mi opinión, no es fingir que te encuentras en una posición más alta de la jerarquía que la que ocupas, sino ser consciente de tu posición real y defenderla con seguridad y confianza, lo que acentúa aún más la importancia de fortalecer tus competencias principales.

Si quisiera poner en práctica las ideas de este capítulo para agregar a un multimillonario a mi red de contactos, pensaría con detenimiento en las cosas que puedo ofrecerle que tengan valor para él. Si le dijera que tengo la forma de hacerle ganar dos o tres millones más, no llegaría a ningún lado porque, para esa persona, un millón es una cantidad minúscula; sería absurdo dar a entender que estoy al mismo nivel. Pero si reconozco mi lugar en la jerarquía y muestro absoluta confianza en mis propias habilidades, me estoy presentando como alguien que puede ser de utilidad en un área en la que la otra persona no tiene experiencia. No ganas nada con mostrarte tímido o reservado al respecto; no ganas nada con proyectar la imagen de que no quieres extralimitarte. No te extralimitas si eres realista acerca de tu lugar en la jerarquía y la asumes con autenticidad.

Apunta al segundo puesto más importante

«La estrategia de los cien ideales» es un concepto desarrollado por Chet Holmes cuando vendía espacio publicitario en un periódico propiedad de Charlie Munger, la mano derecha de Warren Buffet en Berkshire Hathaway. El concepto se origina en la regla 80/20, que ya he mencionado anteriormente y que consiste en observar que el 80 por ciento de los resultados positivos en los negocios provienen del 20 por ciento de los recursos invertidos. A partir de ahí, Holmes dedujo que las técnicas de ventas son más productivas si se dirigen a objetivos específicos que si se aplican al azar. La estrategia de los cien ideales consiste en hacer una lista de los cien clientes potencialmente valiosos y enfocarse intensamente en ellos, omitiendo a los clientes importantes pero no ideales.[8]

Acceder a los clientes ideales no es tan fácil, puesto que las oportunidades de desarrollar relaciones profesionales en eventos no son tantas; por lo tanto, además de preparar dicha lista, recomiendo una estrategia adicional: hacer otra lista de cien personas que ejerzan algún tipo de influencia sobre tus cien ideales. De ese modo, podrás desarrollar relaciones profesionales con esas personas como un medio para acercarte a tu objetivo real.

Cien personas son muchas, así que tu lista bien puede tener menos nombres. La estrategia funciona bien tanto con cincuenta ideales como con diez. Supongamos que diriges una empresa de comercio electrónico y quieres ponerte en contacto con los diez dueños de agencias de todo el mundo que mejor entienden la publicidad en Facebook para tu categoría en particular. Una manera de hacerlo sería intentar ponerte en contacto directamente con las personas de tu lista y añadirlas a tu red de contactos, pero no serás el único que lo intente, por lo que terminarás siendo otro mensaje más en la bandeja de entrada de personas muy ocupadas. Una mejor alternativa puede ser acercarte al número dos o al número tres, quienes seguramente reciben menos solicitudes porque la mayoría pone la mira en el pez gordo, por lo que es más probable que logres acceder a ellos. Además, estarás aprovechando la credibilidad y la confianza que tienen ellos con tu persona meta. Por último, podrás utilizar en tu favor el hecho de que, si tienes algo positivo que ofrecer, el número dos quedará bien con su jefe si le presenta tu propuesta. Los beneficios son mutuos.

Por cierto, esta estrategia funciona muy bien cuando quieres agregar famosos a tu red y no tienes una manera directa de ponerte en contacto con ellos. Miles de personas intentan acercarse a los famosos, y tú serías uno entre esos miles, pero pocos consideran la posibilidad de acercarse a individuos que se encuentran más abajo en la jerarquía, a pesar de que les ayudaría notablemente a encaminarse hacia su meta final.

Lo personal es tan importante como la transacción

Estaba preparando un discurso de ventas para un posible inversor, una auténtica figura en el mundo de la publicidad y el *marketing*. Cuando estaba en la reunión, me di cuenta de que, más allá de lograr que invirtiera en nosotros, me intrigaba profundamente conocer algo más sobre sus intereses. Entonces, en lugar de pasar directamente al discurso de ventas, le pregunté qué libro estaba leyendo.

Esa pregunta cambió el tono de la interacción por completo. No sé si en ese momento tomó la decisión de darnos o no el dinero, pero sí sé que, al mostrar interés en su persona y sus influencias, solidifiqué los cimientos de la relación. Al darle la impresión (totalmente sincera) de que nuestra relación era valiosa para mí, incluso si decidía no invertir en nosotros, elevé la interacción de lo meramente transaccional a lo personal.

En los negocios es normal centrarse en la naturaleza transaccional de las redes de contactos, pero las relaciones personales cordiales también son importantes. Vale la pena recordarlo cuando estás empezando, puesto que, aunque aún no tengas los medios para entablar una buena interacción transaccional, nunca te faltarán las herramientas necesarias para entablar relaciones personales significativas.

Da por sentada la buena intención

Una de las técnicas de indagación que más me gustan es la navaja de Hanlon, que dice que nunca debe atribuirse a la malicia lo que puede explicarse con la estupidez. Me gusta esta forma de pensar porque me recuerda que, en general, la gente no se ha propuesto acabar con nosotros. Si no llega el correo que estás esperando, la navaja de Hanlon nos dice que es muy probable que se hayan olvidado de enviarlo, y poco probable que detrás se esconda un motivo siniestro. La navaja de Hanlon es de gran utilidad para la vida porque nos anima a no buscar la peor explicación para un suceso desagradable, pero es especialmente útil en el contexto de las redes de contacto porque nos obliga a presuponer la intención positiva.

¿Por qué es importante esa actitud? Porque cambia nuestra forma de actuar con los demás. Si das por hecho que la gente tiene sentimientos positivos hacia ti, y que cuando entres en una habitación los que están allí sentirán una atracción natural hacia ti, terminarás actuando de una forma que atrae a los demás. (Somos las historias que nos contamos).

A lo largo de mi carrera empresarial, he notado que rara vez tengo motivos para cambiar de opinión sobre un empleado. Por ejemplo, si considero que no muestra estar a la altura durante el periodo de prueba, no suelo cambiar de opinión con el correr del tiempo. Si me parece que el empleado ha tenido un desempeño típico, sigo pensando igual tiempo después, y lo mismo me sucede con los empleados que me parecieron brillantes durante el periodo de prueba. No creo ser el único que mantenga la opinión que se ha formado inicialmente. En la sociedad, las cosas empiezan de una manera y tienden a continuar así. La primera impresión es importante porque es duradera.

Cuando presuponemos la intención positiva, y nuestras acciones respaldan la creencia de que los objetivos de la otra persona no son hostiles, podemos lograr revertir esa tendencia. Al dar el paso inicial con una actitud amigable, alegre y de colaboración mutua, aumentamos considerablemente las probabilidades de que la relación continúe por ese camino, lo que, de por sí, facilita la creación de la red, pero, además, profundiza y enriquece la relación, y eso es lo que nos interesa lograr.

La presunción de la intención positiva también es crucial en las relaciones entre empleados y jefes, como pude descubrir con una empleada a quien le tuve que decir cuatro cosas sobre su desempeño. Tiempo después de tener esas charlas, la empleada trabajó en una campaña que no fue muy bien, y mi suposición inicial fue que lo había hecho mal a propósito porque pensaba que estábamos a punto de despedirla, o incluso quizá para perjudicarme. Pensé que, efectivamente, tendría que despedirla; incluso llegué a programar una reunión para hacerlo, pero luego, otro miembro del equipo me llevó aparte y me dijo que la empleada en cuestión estaba pasando una mala racha en casa, y ahí sentí el efecto tardío de la navaja de Hanlon, que me permitió considerar la posibilidad de que la empleada no actuaba con maldad, sino que otras dificultades estaban influyendo en su desempeño. Le pedí al jefe de directores de campaña que se ocupara de ella y le hiciera ver que tenía el apoyo de la empresa, y, al poco tiempo, el desempeño de la empleada mejoró enormemente.

Para que tú ganes, no es necesario que yo pierda

En alguna etapa de la construcción de una empresa, te verás en la necesidad de manejar al personal. Vale la pena recordar que tanto los empleados como los jefes son una parte importante e integral de la red de contactos de cada uno, y que en esa relación también se aplican las reglas para construir relaciones significativas en general.

La presunción de la intención positiva es una postura clave en la relación entre un jefe y sus empleados. Todo el mundo comete errores de vez en cuando, por lo que resulta inevitable que, cada tanto, tus empleados cometan uno. En esas situaciones, acuérdate de la navaja de Hanlon, nunca atribuyas a la malicia lo que puede explicarse con la negligencia, y permítete pensar que no se equivocaron intencionalmente o para perjudicarte. Lo más probable es que tu empleado haya cometido un error porque no se encontraba bien, tuvo una discusión con su pareja o estaba distraído porque el coche no pasó la inspección. La presunción de intención positiva es fundamental en la interacción con otras personas, porque te permite llegar al fondo de cualquier problema real que pudiera existir y evita que te arriesgues a dañar un componente importante de tu red de trabajo por suponer injustificadamente que la otra persona actuó con malicia.

Hay temas que son motivo de constante fricción en la relación entre el jefe y sus empleados, y uno de ellos es la retribución económica. Cuando un empleado te pide un aumento, la situación puede leerse como una confrontación. Como jefe, no querrás perjudicar la economía de tu empresa, y las consecuencias de un aumento de salario fácilmente pueden interpretarse como un resultado desigual: para que el empleado gane, tú debes perder. Sin embargo, me atrevo a afirmar que el empleado no piensa en ello desde esa perspectiva y estoy casi seguro de que su intención no es negativa. Ellos piensan en el coste de vida o en la mayor contribución que están haciendo a la empresa. No intentan perjudicarte; solo están pensando en sí mismos. Si tú, como jefe, das por hecho que su intención es positiva, te encuentras en una mejor posición para abordar la negociación desde la comprensión, y no desde la ignorancia, lo que influye positivamente en el futuro de la relación. Del mismo modo, cuando un empleado decide irse de la empresa, es común que el jefe se lo tome como algo personal, como si el empleado actuara con mala intención. Es fácil suponer que se va de la empresa por tu culpa, pero si lo piensas un instante verás que probablemente no sea el caso. Es mucho más probable que otra empresa le haya ofrecido un mejor trabajo o un mejor sueldo, o un empleo que se adapte mejor a su estilo de vida. Una buena táctica que no solo se aplica a los negocios, sino también a la vida, es ponerse en el lugar del otro. ¿Qué harías tú en su situación? Probablemente, lo mismo. La presunción de intención positiva te permite tomar la decisión correcta para que la relación no se deteriore y no haya puntos débiles en la red en su conjunto.

La presunción de intención positiva te permite reformular el enunciado falaz de que para que el otro gane, tú debes perder, de una forma que te permita pensar en cómo podrían ganar las dos partes. Cuando un empleado me pide un aumento, me esfuerzo mucho para no tomar una actitud antagonista y trato que el empleado coincida conmigo en que los dos debemos obtener beneficios con la situación. Le pregunto cómo podríamos asegurarnos de que el aumento de sueldo se refleje en su mayor colaboración con la empresa. Si el empleado está dispuesto a aumentar su rendimiento por un valor de diez libras, y pide un aumento de dos libras, no hay nada que pensar porque crece la compañía en general. Al ponerte en el lugar del otro y no suponer que quieren destruirte, tienes la oportunidad de aumentar las ganancias de todos.

Una red de contactos es una vía de ida y vuelta

Es fácil suponer que las únicas relaciones valiosas, desde tu punto de vista, son las que se dan entre tú mismo y alguien de más rango o mejor posición, alguien que tiene algo que tú quieres. Para que esta relación exista, se necesita, claro está, una persona en una «mejor» posición que mantenga un vínculo con otra que está más abajo. Esta disparidad inicial se puede atenuar mediante el uso de las técnicas descritas anteriormente en el capítulo, pero para que la red funcione es necesario reconocer que existen esos diferentes niveles de experiencia e influencia, y estar abiertos a interactuar tanto con personas de inferior rango como con aquellas que ocupan cargos más importantes. Debemos estar dispuestos a ofrecer algo de valor a los que se encuentran más abajo en la jerarquía o están dando sus pasos iniciales. (Y desde un punto de vista más interesado, vale la pena recordar que la posición que ocupamos en la jerarquía no es fija; las carreras no siguen un camino recto, sobre todo cuando ahora es tan fácil aprender nuevas destrezas y cambiar de dirección. La persona que hoy está más abajo en la jerarquía y a la que tú le ofreces algo de valor bien puede ser la persona a la que le pidas fondos dentro de dos años. Al invertir hoy en tu relación con esa persona, estás invirtiendo al mismo tiempo en el futuro de tu red).

El valor no solo es económico

Hemos usado las palabras «valor» y «valioso» varias veces a lo largo del capítulo. Cuando pensamos en el valor de una red de contactos en el contexto de los negocios, es fácil pensar erróneamente que solo nos referimos al valor económico. Creo que es importante destacar que las personas aportan valor de diferentes maneras, como podemos comprobar en nuestras relaciones personales. Todos tenemos personas en la vida que nunca nos harán ganar dinero, pero cuya compañía valoramos enormemente porque son divertidas, tranquilas, receptivas o sabias, y esas cualidades son importantes para nosotros, como lo son las personas que enriquecen nuestra vida con esas cualidades. Esas personas tienen un valor que va más allá del dinero.

La fortaleza de nuestra red depende de la profundidad de las conexiones que entablamos, y esa profundidad no siempre puede calcularse por la posición del separador decimal.

Apuntes del capítulo

- El objetivo de crear redes no es conseguir contactos a toda costa, sino construir alianzas con personas que consideras creíbles, confiables y valiosas.
- Cuando te acerques a alguien supuestamente superior, intenta no mostrarte como la persona inferior en la relación.
- Invierte en ti mismo para convertirte en una persona de valor.
- Nunca te acerques a un posible contacto sin primero hacer una breve investigación.
- La gente prefiere a los ganadores, así que preséntate públicamente como tal.
- Las mejores relaciones no son solo transaccionales, y tienes todo lo que se necesita para construir relaciones personales significativas.
- Presume la buena intención.
- La idea de que para que uno gane, el otro tiene que perder, es un enunciado falaz. Busca las oportunidades que beneficien a las dos partes.

TRUCO 7

El ego es el enemigo

Una vez perdí doscientas treinta mil libras en treinta minutos.

Estábamos intentando conseguir un contrato con cierta marca, y solo quedábamos dos candidatos, nosotros y otra agencia. En una reunión, la directora de *marketing* de la marca me preguntó qué opinaba de la otra agencia, y yo no hablé bien de ellos. Le dije que no eran tan buenos y le conté un cotilleo o dos porque pensaba que hablar mal de la competencia era una buena estrategia, pero resultó nefasta: la otra agencia consiguió el contrato. Un mes después, me encontré con la directora de *marketing* en un evento y le dije que era una pena no haber podido conseguir aquel contrato, y ella me contó que cuando le había preguntado a la otra agencia qué pensaba de nosotros, en lugar de hablar mal, habían elogiado nuestras fortalezas y se habían abstenido de mencionar nuestras debilidades. Ellos habían respondido con confianza y moderación, mientras que mi respuesta fue percibida como personal, emocional y, lo peor de todo, egocéntrica. Era evidente que no había causado buena impresión, y el ego me estaba pasando factura.

El ego es el enemigo es el título de un libro de Ryan Holiday que me afectó profundamente, aunque me gustaría aclarar que, si bien estoy convencido de la veracidad de esa afirmación, debo confesar que no soy partidario de la humildad. Si tienes un cierto grado de ambición, tienes que creer que hay algo que te diferencia de los demás. Conozco a varias personas que, si tuvieran más humildad, nadie se acordaría de ellas, y tengo el pleno convencimiento de que debemos fijarnos metas altas y darnos el reconocimiento que merecemos por nuestros logros.

Por eso, en este capítulo no te diré que reprimas tus ganas de crecer, que moderes la confianza en ti mismo ni que evites brillar con luz propia. Si tienes una buena razón para hablar de tus logros y puedes hacerlo con objetividad, sin perjudicar a otras personas, hazlo. Confía en ti mismo y aprende a alabar tus propias virtudes, sin pasarte, claro está, porque esa actitud es necesaria para triunfar en los negocios y en la vida.

El tema de este capítulo es otro. Cuando hablo del ego, hablo de un énfasis desmedido en la propia importancia, que puede tener consecuencias negativas porque te impide pensar clara y objetivamente. Me refiero a cuando crees que eres diferente, y esa creencia se convierte en arrogancia, lo que además de ser inapropiado, puede ser extremadamente desfavorable. No saber contener tu ego puede impedirte obtener lo que te has propuesto.

El complejo Mark Zuckerberg

Si lees libros o blogs, o escuchas relatos sobre la fundación de Facebook, verás que todo el mundo habla de Mark Zuckerberg. Según la mitología, Zuckerberg fue el gran artífice, el que hizo posible que todo ocurriera, pero ¿es verdaderamente así?

Por supuesto que no. Estoy seguro de que Mark Zuckerberg estará de acuerdo conmigo en que el éxito de Facebook se debió al trabajo de un equipo. Sheryl Sandberg, directora de operaciones,

Chamath Palihapitiya, director de crecimiento, y Sean Parker, uno de los primeros inversores y el primer presidente, entre otros, componen una larga lista de gente talentosa que desempeñó un papel fundamental en la compañía. Zuckerberg se habrá puesto a la cabeza, pero la influencia de su equipo es incalculable.

Lo que yo llamo «complejo Mark Zuckerberg» es el sesgo intelectual por el que suponemos que el éxito de una empresa se debe únicamente al talento de una sola persona. Es una trampa en la que suelen caer muchos fundadores de empresas, una en la que yo mismo caí en los comienzos de Fanbytes. Cuando apenas éramos diez en la compañía, había un empleado que era particularmente brillante. Era inteligente y energético, y sentía pasión por el *marketing* de *influencers,* y por la empresa en general. Un día vino a verme para informarme de su partida porque tenía deseos de probar algo distinto, pero yo sabía que ese no era el motivo real; el motivo real era yo. En aquellos días yo sufría un cuadro agudo de complejo de Mark Zuckerberg y creía que la vida de la empresa dependía exclusivamente de mis ideas y mis decisiones. No solo pensaba que era yo quien debía encontrar todas las respuestas, sino también quien debía hacer todas las preguntas, y tanto me gustaba que me pidieran mi opinión, que me encargaba de buscar las oportunidades para que eso sucediera.

Este tipo de mentalidad te lleva a querer controlar minuciosamente todos y cada uno de los aspectos de las operaciones de una empresa, y por tener esa mentalidad, terminé perdiendo a un magnífico empleado. Por ejemplo, cuando le asignaba una campaña, lo hacía con el entendimiento tácito de que confiaba en su capacidad para encontrar a los *influencers* adecuados, pero después no podía evitar hacerle sugerencias y proponerle ideas, o darle recomendaciones innecesarias sin que nadie me las pidiera sobre cómo debía presentarse ante clientes que él conocía mucho mejor que yo. Lo obligaba a adoptar mis ideas porque me había dejado llevar por la creencia de que, si no lo hacía, todo se iría a pique, puesto que el éxito de la empresa dependía exclusivamente de mí. En consecuencia, perdí a un buen empleado.

Corremos más peligro de caer en el complejo Mark Zuckerberg si permitimos que el ego alimente nuestra autoestima y el sentido de la propia importancia. Actuar sintiéndonos indispensables parece una filosofía atractiva contemplada a través del filtro del ego, pero está llena de fallas. Las mejores compañías dependen de una red de personas talentosas (por algo se llaman «compañías», digo yo), y la propia importancia no disminuye al reconocer la de los demás. Nadie te pide que seas un gurú.

El ego no te permite hacer el trabajo pesado

No sé si alguien disfrutará particularmente de tener que hacer el trabajo pesado, pero yo seguro que no. Yo soy de los que viven buscando excusas para no tener que hacer ciertas tareas que sé que debería hacer, como cuando me digo: «Yo estoy para otras cosas, con lo que gano no me voy a poner a hacer esto. Esto lo tendría que estar haciendo otra persona». Imagino que no soy el único en esta situación, y puede que pensar así nos traiga problemas por diferentes motivos.

Todos los que han logrado algo importante primero tuvieron que hacer el trabajo pesado, así aprendieron los fundamentos de su ocupación. Cualquier deportista exitoso sabe muy bien las duras e interminables horas de entrenamiento que hay detrás. Cualquiera que transite el camino del emprendedor sabrá que, al principio, todo es trabajo pesado. Cuando hay poco dinero y pocos clientes, no hay otro remedio que hacer las tareas tediosas uno mismo, pero aprendemos mucho de ello. Nos ayuda a entender cómo funciona la empresa desde el nivel más bajo y, a medida que uno asciende en la jerarquía, esa comprensión adquiere más valor. Si no entendemos todo el trabajo invertido en una tarea, difícilmente podremos entender el resultado de esa tarea. No digo que el director general de una empresa de miles de millones de dólares debería encargarse del inventario de los artículos de oficina, pero no dejes que tu ego te impida realizar de vez en cuando las tareas pequeñas y tediosas, pero necesarias para el funcionamiento de una empresa, diciéndote que eres demasiado importante como para perder el tiempo con ellas. De otro modo, te arriesgas a olvidarte de cómo funciona tu negocio.

Otro riesgo es perder la capacidad de hacer las cosas por ti mismo, y esto se aplica también a la vida. Si la asistenta es quien se encarga siempre de poner la lavadora, cuando estés solo y necesites un pantalón limpio te verás en problemas. Si piensas que solo eres digno de las tareas elevadas, te costará el doble realizar las tareas menores si surge la necesidad.

«En Nueva Zelanda, no nos gustan los engreídos, y no hay lugar para ellos en los All Blacks [...]. Hay ciertas normas que todos cumplimos, como la de limpiar el vestuario antes de irnos, y es normal ver a Richie McCaw o al entrenador Steve Hansen con una escoba en la mano».

Dan Carter, leyenda de los All Black[9]

¿Cómo te identificas?

Me he dado a mí mismo diferentes títulos: empresario, emprendedor, fundador, jefe…, pero con el tiempo, aprendí que no era una buena estrategia. Si te defines con un título o un rótulo, te vuelves más estrecho de miras, puesto que das por hecho que eres una sola cosa y no varias. Cuando nos damos el título de «emprendedor» o «fundador», el ego se activa porque comenzamos a creer que solo estamos a la altura de las actividades propias de un emprendedor o un fundador (somos las historias que nos contamos), y eso automáticamente activa el complejo Mark Zuckerberg, que no nos deja hacer las tareas menores, lo cual puede ser problemático, por los motivos que ya he explicado.

El ego inhibe el aprendizaje y el crecimiento. Los empresarios, y cualquier persona ambiciosa, siempre deberían estar buscando nueva información y estar abiertos a las críticas y los comentarios constructivos. Cuando el ego toma las riendas, es más difícil que se manifiesten esas valiosas cualidades. Actualmente, me refiero a mí mismo como una persona «en aprendizaje», un rótulo que me ayuda a identificarme no tanto con mis logros, sino más con mi potencial para el crecimiento psicológico y profesional, además de ayudarme a mantener el ego a raya.

El ego no nos permite reconocer que algo puede fallar

Hace poco, conversaba con alguien sobre mi vida en el mundo de los negocios, y esta persona me dijo: «Me maravilla que vosotros, habiendo empezado tan jóvenes, supieseis con certeza lo que iba a funcionar». Yo le respondí que la realidad fue algo distinta. La clave no fue que sabíamos lo que iba a funcionar, sino todo lo contrario: que no lo sabíamos. La mezcla de ingenuidad y autoconfianza que nos caracterizaba entonces no nos dejaba reconocer la posibilidad del fracaso de nuestro negocio. Los Kanye West y Elon Musk del mundo tienen este tipo de mentalidad: sienten tanta confianza en sus propias habilidades que son incapaces de reconocer la posibilidad de que fracase lo que se han propuesto, y, por un lado, una actitud así trae sus beneficios.

Sin embargo, el ego sin control puede resaltar los aspectos negativos de este tipo de mentalidad. Una cosa es no flaquear en la creencia de que tus negocios saldrán bien, y otra muy distinta dar por hecho que saldrán bien solo porque los has ideado tú, algo que nos puede llevar a creer que existe un resultado predeterminado, cuando, en realidad, hay cierto grado de ambigüedad e incertidumbre que siempre hay que tener en cuenta. En más de una ocasión he sido incapaz de activar esa objetividad y considerar adecuadamente la posibilidad del fracaso, y los resultados siempre han sido desastrosos.

Te contaré un ejemplo. Una vez, tuve una idea para un concepto al que llamé Byte House, que se basaba en un concepto similar que había tenido éxito en los Estados Unidos, Hype House, y que consistía en juntar en una gran mansión a un grupo de tiktokeros de la generación Z para que vivieran allí y crearan contenidos. Yo quería hacer lo mismo, pero para el mercado británico. Se trataba de un proyecto dependiente de Fanbytes que estaba seguro de que no podía fallar, pero me había dejado engañar por el ego, porque Byte House no fue otra cosa que un desastre. Como siempre había tenido buenas ideas, estaba seguro de que esta también lo sería, y aquí nuevamente estamos ante el pensamiento inverso. Hubiera sido mucho mejor identificar todo lo que podía ir bien, pero también todo lo que podía ir mal. La capacidad de evaluar posibilidades de este modo es valiosísima, pero cuando el ego se interpone, nos arriesgamos a perderla.

En otra ocasión, invertí cincuenta mil libras en una empresa, que para mí tenía el triunfo asegurado, dedicada al *marketing* de contenidos para datos financieros, algo que yo entendía a la perfección. Era el sector donde me movía y, como acababa de vender mi compañía, no dudaba de que mi instinto era excelente. Sin embargo, la inversión fue todo un fracaso, a nadie le interesó el producto y, por más que hice todo lo que pude, la empresa se derrumbó, y yo perdí todo mi dinero. Había cometido el error de pensar que si a mí, que entendía bastante del tema, la idea me había parecido buena, no cabía duda de que era una idea ganadora, y como otras veces me había guiado por el instinto y me había ido bien, creía que siempre sería así. El éxito reciente se me había subido a la cabeza, y el ego me había impedido considerar las posibles fallas.

A los seres humanos nos cuesta admitir que nuestras ideas no son las mejores porque generalmente suponemos que tener una idea mala nos pinta desfavorablemente. Tendemos a razonar de la siguiente manera: «He tenido una mala idea, por lo tanto, soy una persona que tiene malas ideas y, por ende, soy un mal emprendedor». En consecuencia, nos abstenemos de presentar ciertas ideas porque pensamos que, si la idea resulta mala, causaremos mala impresión. El secreto es distanciarnos, aprender a no sentirnos ofendidos y ser capaces de reconocer que el hecho de tener una mala idea no significa que somos malos profesionales.

«Debemos tratar de evitar creer que algo es cierto por el simple hecho de que queremos que así sea. Nadie puede engañarte mejor que tú mismo».

RICHARD FEYNMAN [10]

Siempre existe otra posibilidad

Tengo una amiga que trabajaba en una consultora y cobraba un buen salario de ciento treinta mil libras, pero quería irse de allí y recibió una oferta para un empleo que le gustaba más, cuyo salario era de ochenta y cinco mil libras, o sea, mucho más bajo. Mi amiga me pidió consejo porque no sabía si quedarse o irse, y mi conclusión fue que no podía tomar una decisión porque el ego solo le permitía contemplar dos opciones: quedarse y triunfar en el empleo actual, o irse y triunfar en el empleo nuevo. Sin embargo, había otros resultados posibles: quedarse y fracasar en el empleo actual, o irse y fracasar en el empleo nuevo. Dado que le iba bien en la consultora, pero no sabía cómo le podría ir en el nuevo empleo, a mi amiga le ayudó mucho contemplar todas las opciones posibles antes de tomar su decisión.

Suprimir el ego y considerar que nuestra decisión puede terminar en un fracaso es más que un simple ejercicio de humildad; nos ayuda a aclarar nuestros procesos mentales y no necesariamente nos hará aplazar la decisión, sino que puede iluminar el mejor camino.

El ego te impide romper el ciclo

El ego suele tener la culpa de que sigas haciendo lo que no quieres hacer. Tengo varios amigos que se quedan en un empleo que realmente no les gusta porque quieren subir el próximo escalón, algo que suele suceder en la banca y carreras similares, donde las estructuras están bien definidas y con cada peldaño aumenta la recompensa económica y también el prestigio. Una estructura típica sería empezar como analista y luego ir ascendiendo, primero a asesor comercial, y después a gerente, director y vicepresidente. Varios de mis amigos ocupan el puesto justo debajo del director y, aunque no les gusta particularmente el mundo de la banca, el ego los lleva a ver el siguiente paso como una meta dorada. Se dejan la piel para triunfar en una carrera que no quieren o no les gusta, y eso me parece una forma extraña de vivir.

Lo que hacemos contribuye a crear nuestra identidad. Tenemos la creencia de que el ego puede salir dañado si damos un paso al lado para hacer otra cosa que quizá en el pasado se consideraba menos prestigiosa. Eso nos impide dedicarnos a lo que verdaderamente queremos, nos atrapa en una rutina y nos impide romper el ciclo.

Yo o nosotros

Ego es «yo» en latín. En los comienzos de mi época de fundador, me di cuenta de que usaba demasiado la palabra «yo», sobre todo cuando hablaba de los logros de la empresa, que en realidad eran el resultado de un trabajo de equipo, y decidí intentar hacer algo al respecto. Me compré un contador manual y cada vez que decía la palabra «yo» en la oficina, apretaba el botón. El primer día lo apreté setenta y tres veces.

Las palabras que usamos reflejan nuestros pensamientos con bastante precisión, y mi uso exagerado del pronombre reflejaba claramente el tamaño de mi ego. En cuanto advertí mi tendencia, decidí hacer un esfuerzo para dejar de usar tanto esa palabra, y empecé a cambiar los «yo» por «nosotros». La cuenta comenzó a disminuir día a día. Este pequeño cambio intencional en mis palabras no solo reflejaba en gran medida una importante mejora en la cultura de la empresa, sino también una mejora en la distribución de responsabilidades. Cuando los miembros del equipo comenzaron a sentir que realmente formaban parte de la empresa y no estaban allí solo para ayudar, estuvieron más dispuestos a asumir más responsabilidades.

El ego de un líder tiene consecuencias negativas en el desempeño de su equipo, especialmente en la moral y la productividad; por lo tanto, intentar activamente dominar ese ego tendrá el correspondiente efecto positivo.

El *alter ego* (parte 2)

En el primer capítulo, hablamos del poder del *alter ego*, un concepto que me encanta y por el cual consideramos los rasgos, las creencias y los hábitos de la versión de nosotros que nos gustaría ser, y quizá solamente por un día, los adoptamos y actuamos como esa versión que imaginamos.

Sin embargo, una de las razones por las que el ego es el enemigo es la siguiente aceptación implícita en la creación de un *alter ego*: «Todavía no soy esa persona». Para muchos, especialmente para los ambiciosos, puede ser difícil aceptar esa verdad, puesto que nos obliga a admitir que aún tenemos mucho por aprender y mejorar.

Apuntes del capítulo:

- Rara vez el éxito de una organización se debe a una sola persona.
- Si no entiendes bien el trabajo invertido, no podrás entender bien los resultados obtenidos, así que no te engañes con el cuento de que las tareas menores no son para ti.
- Cuando nadie lo controla, el ego puede impedirnos reconocer la posibilidad de nuestro propio fracaso y restringe nuestra perspectiva.
- Los títulos y rótulos nos limitan, a menos que nos definamos como una persona «en aprendizaje».
- El ego nos lleva a desear exageradamente un trabajo que en realidad no nos gusta.
- Reemplazar «yo» por «nosotros» ayuda a levantar la moral y a aceptar responsabilidades.

TRUCO 8

No es para tanto

Un posible inversor había acordado poner doscientas cincuenta mil libras en nuestra empresa dentro de determinado plazo de tiempo —una cantidad importante en aquella época, y en cualquier otra, por cierto—. Preparamos la hoja de términos y condiciones, y basamos gran parte de nuestra estrategia en la promesa de ese dinero. Teníamos la esperanza de que el compromiso de ese inversor con nuestra empresa atrajera a otros futuros inversores.

El dinero debía llegar un jueves. El lunes anterior, el inversor me envió un informe de la BBC que decía que se corría el rumor de que TikTok en realidad era una aplicación espía del Gobierno chino. TikTok representaba una buena parte de nuestra oferta de *marketing* de *influencers*, y las campañas allí eran muy rentables. Si bien existía la posibilidad de que TikTok, al igual que muchas otras redes sociales, recopilara información de los usuarios, de ningún modo se trataba de una aplicación espía del Gobierno chino, así que le respondí al inversor que solo eran rumores exagerados derivados de un sentimiento antichino, puesto que no eran más que eso. Sin embargo, el martes, el inversor se comunicó con nosotros, nos dio una larga explicación de cómo China siempre había querido derrocar a Occidente, y nos dijo que no invertiría en nosotros porque sería lo mismo que invertir en China.

¿Qué le puedes decir a un hombre que ha decidido que invertir en una empresa occidental que trabaja con marcas occidentales y que utiliza *influencers* occidentales para hablar con un público occidental es, de alguna manera, apoyar a China? Era más que frustrante, pero lo que más me preocupaba era que su reacción estuviera reflejando un sentimiento antichino más general, y esta solo fuera la punta del iceberg, en cuyo caso, existía la posibilidad real de que la situación significara el fin de nuestra empresa.

En otras circunstancias, habría entrado en pánico y rediseñado la estrategia según la interpretación catastrófica, pero había aprendido la importancia de un mantra que me ha ayudado a mantener las cosas en perspectiva y mantener la cordura: «No es para tanto».

La frase me ha ayudado a entender que nada es tan importante como lo imaginamos, una enseñanza que no pude internalizar del todo hasta que hube recorrido la mitad del camino de Fanbytes. Antes, cuando algo iba mal, como suele ocurrir, no me lo tomaba como un simple escollo en el camino, sino como una catástrofe de proporciones desmesuradas, un desastre universal, por más pequeño e insignificante que fuera el problema. Cuando aprendí a decirme que nada es para tanto y a reformular los resultados negativos como parte de las reglas del juego, pude evolucionar como emprendedor. Aprendí a ver mis metas con más claridad y a poner las cosas en perspectiva, lo que me enriqueció profesionalmente. Esta capacidad no solo es importante en el mundo de los negocios; también lo es en la vida, por los motivos que intentaré describir en este capítulo.

Sé que hay gente que usa esta manera de pensar para manipular psicológicamente a otros, o incluso a sí mismos, y no quisiera dar a entender ni por un instante que debemos trivializar los acontecimientos o los problemas que son realmente importantes y pueden tener consecuencias mayores, ni menos aún sugerir que, si alguien está realmente enfadado, molesto o aterrado ante un resultado negativo, hemos de menospreciar o ignorar lo que le ocurre. Este manual de trucos no busca promover el autoengaño, sino que, más bien, intenta ser una forma de corregir nuestra tendencia natural a ver todo como una catástrofe y minimizar sus efectos secundarios. Es una forma de asimilar lo aparentemente irremontable, algo que puede darnos una ventaja tremenda.

Tres catástrofes

Para comenzar, me gustaría compartir contigo tres cosas más que ocurrieron durante el desarrollo de mi empresa. En su momento, parecía que los resultados serían terribles, hasta tal punto que casi terminé creyendo que causarían nuestro fin, y estoy convencido de que la mayoría de los fundadores de una empresa atravesarán problemas similares en algún punto de su recorrido.

Los números en caída libre

Estábamos centrados en la tarea de reunir fondos y nos acercábamos al punto en el que debían aparecer los grandes clientes, pero estos brillaban por su ausencia. En consecuencia, los números cayeron en picado, y no hay peor momento para que eso ocurra que cuando estás tratando de aumentar las inversiones. Estaba convencido de que sería el fin, que seríamos incapaces de reunir el dinero y la empresa fracasaría. El pánico era total y absoluto.

Sin embargo, no fue para tanto. Nos esforzamos más y la recaudación volvió a remontar. Todo parecía indicar que la empresa estaba en problemas, pero, al final, logramos demostrar que era lo suficientemente sólida como para triunfar a largo plazo.

Perder un jugador de primer nivel

Una empleada nuestra, la jefa del departamento de *marketing*, recibió una oferta de un competidor. Era una de las mejores empleadas que habíamos tenido, una mujer inteligente que desempeñaba su trabajo a la perfección, por lo que intenté por todos los medios darle la oportunidad de ocupar un rol más importante en el equipo; pero, así y todo, al final decidió dejarnos. No culpo al competidor por habérnosla robado ni la culpo a ella por haber tomado esa decisión, pero no negaré que me causó algunos desvelos. Uno de los secretos de Fanbytes era la excelencia de nuestro *marketing* y nuestra capacidad de conseguir clientes rentables, y pensé que perderíamos esa ventaja si un miembro del equipo de *marketing* se pasaba a las filas de la competencia. Sería problemático, no tenía ninguna duda.

Pero nada es para tanto. Tendemos a exagerar la importancia de cambios relativamente menores. Estamos programados para imaginar una sucesión de consecuencias negativas —si pasa esto, entonces pasará lo otro, y luego, lo de más allá— cuando, en realidad, la sucesión de consecuencias negativas es uno de los tantos resultados posibles, la mayoría de los cuales nunca ocurren. Al final, resultó que Fanbytes tenía muchos otros atributos que la hacían una empresa única, y que nuestro competidor fue incapaz de reproducir, por lo que la pérdida de uno de nuestros mejores jugadores ciertamente fue un gran golpe, pero no la catástrofe que temíamos.

El giro de Snapchat

En nuestros primeros días, Fanbytes gastaba mucho dinero en *influencers* de Snapchat y, en cierta medida, era lo que nos mantenía a flote, pero luego Snapchat cambió el algoritmo, y de un día para otro prácticamente perdimos el alcance y la participación que tan bien dominábamos. Al principio, pensé que estábamos acabados y recuerdo las reuniones con los cofundadores en las que buscábamos la forma de reimaginar la empresa para compensar la pérdida de nuestra oferta principal. Barajamos distintas opciones, como volcarnos al comercio electrónico o buscar otras fuentes de ingreso para la compañía; incluso pensamos en cambiar por completo nuestras actividades.

Por suerte, fuimos capaces de ver que no era para tanto. Siempre habrá momentos difíciles en la trayectoria de una empresa y, si bien es posible que algunos de ellos puedan llegar a ser fatales, la mayoría no lo serán, y esto ocurre porque, en realidad, en los negocios hay muy pocos elementos cuya importancia es verdaderamente fundamental.

Los tres elementos fundamentales de los negocios

Como empresarios, podemos enamorarnos de la idea de que cada aspecto del negocio tiene que ser perfecto: la estructura justa para el equipo, la salud de las finanzas, la definición precisa de la cultura de la empresa, el buen cuidado de la marca y el diseño del sitio web, pero eso no es cierto. Para triunfar con una empresa, esto es lo único que necesitas:

1. Un producto o un servicio que la gente quiera
2. Una forma de conseguir clientes
3. Una forma de mantener esos clientes

Sería un error subestimar estos elementos esenciales. Encontrar un producto o un servicio que la gente quiere es una de las cosas más difíciles porque solemos guiarnos por nuestra idea de lo que quiere la gente, en lugar de dejar que nos guíen los datos que tenemos a nuestro alcance. Debemos dominar esos tres componentes, pues todo lo demás son agregados prescindibles. A modo de ejemplo, te contaré la historia de las mascarillas quirúrgicas y la nutria superhéroe.

Durante la pandemia del covid, conocí a varias personas que ganaron mucho dinero porque poseían los medios para proveer mascarillas al personal de salud. Estas personas no eran muy listas, la verdad sea dicha, y sus equipos de trabajo, por llamarlos de algún modo, eran caóticos, sin mencionar el estado de las finanzas, que dejaba mucho que desear. Por otro lado, en lo que respecta a la cultura de la empresa…, bueno, mejor nos olvidamos de ese aspecto. Sin embargo, todo el mundo estaba desesperado por conseguir mascarillas, y ellos sabían cómo obtenerlas y enviarlas a un precio medianamente razonable. Está claro que podrían haber mejorado varios aspectos de su funcionamiento, pero contaban con las bases de un negocio muy rentable.

Cuando empezaba con Fanbytes, decidí que la marca necesitaba una mascota, como el extraterrestre de Reddit y las mascotas extravagantes que identificaban a otras marcas. En aquel entonces, salía con una mujer cuyo animal preferido era la nutria, y decidí que esa sería nuestra mascota. Pero ¡esperad! Una nutria así sin más no llamaba mucho la atención, así que decidí que nuestra nutria sería un superhéroe. Me pareció que esta imagen tan poco habitual haría que la gente se acercara a nuestra marca, pero en realidad era una estupidez, y la mascota también. Una nutria superhéroe no tenía mucho sentido ni era una buena imagen, pero tampoco fue para tanto. En el trascurso del primer año, facturamos cuatrocientas mil libras con un logo que era una nutria superhéroe y recaudamos dinero de inversores muy serios con una nutria superhéroe en las páginas de las presentaciones, pero como lo que hacíamos era algo que la gente quería, nadie le dio demasiada importancia.

Por lo general, los empresarios perdemos mucho tiempo sufriendo por cosas que no son tan significativas. Los tres elementos fundamentales son realmente importantes, y los demás no son esenciales.

¿Seguirá importando dentro de 48 horas?

Tampoco estoy diciendo que haya que ignorar cada problema que se nos cruza en el camino, porque no siempre sirve pensar que las cosas no son para tanto. Necesitamos una estrategia para decidir qué requiere nuestra atención y qué podemos darnos el lujo de ignorar. Mi estrategia personal es preguntarme si lo que me preocupa en este momento tendrá importancia dentro de 48 horas.

Así como hay muy pocos componentes que tienen real importancia a largo plazo en una empresa, también hay muy pocos momentos que tienen real importancia en el plazo de un día, una semana o un mes. No podemos permitir que los pequeños obstáculos que encontramos en el día a día nos impidan avanzar ni que los problemas menores dominen el resto de nuestro día. Por eso es muy útil preguntarse si cierto problema tendrá importancia dentro de 48 horas, para poder decidir qué requiere atención urgente. Si el problema seguirá teniendo importancia dentro de 48 horas, entonces intentemos resolverlo ya, pero si no es así, es que en realidad no es para tanto.

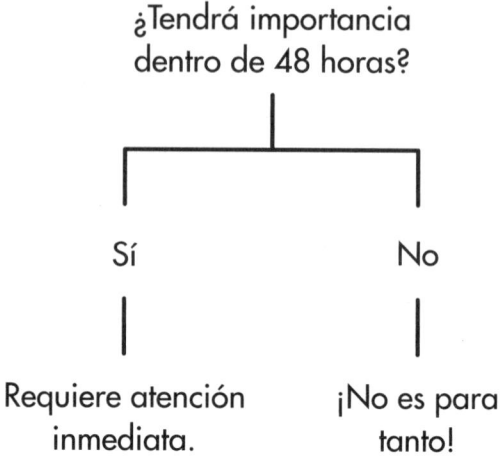

¿Tendrá importancia
dentro de 48 horas?

Sí

No

Requiere atención
inmediata.

¡No es para
tanto!

Si tuvieras 86 400 libras y alguien te roba 20, ¿pensarías que, dado que alguien te robó 20 libras, las 86 380 restantes no valen nada? Estoy seguro de que no. El tiempo es mucho más valioso que el dinero. En un día hay 86 400 segundos. Si alguien nos roba 20 de esos segundos con un comentario desagradable o una acción desconsiderada, ¿por qué permitimos que se nos arruinen los 86 380 segundos restantes?

Tu empresa está a tu servicio

Desde una macroperspectiva, los negocios en sí son mucho menos importantes que la salud, la familia y los amigos. Creo que, en el fondo, todos lo sabemos, pero he notado que el mundo de los negocios tiende a estar dominado por un extraño y contagioso complejo de mártir. El emprendedor típico tiende a sacrificar sus necesidades personales por las de la empresa, con la idea de que es lo que hay que hacer, y que la empresa debe estar por encima de todo lo demás, como en un pedestal. Francamente, pienso que es una manera un poco estúpida de encarar el mundo. Es tu empresa la que está a tu servicio y no tú al servicio de ella.

Puedes dejar de hacer lo que haces en cualquier momento, siempre dentro de lo razonable, claro está. Si tomas clases de *paddle surf* y te das cuenta de que no te gusta, puedes dejar de hacerlo. Si estás comiendo algo que no tiene buen sabor, puedes dejar de comerlo. Lo mismo ocurre en el mundo de los negocios. Si diriges una empresa que dejó de darte satisfacciones, tranquilamente puedes dejar de hacerlo. Nos cuesta demasiado aceptar esta verdad porque renunciar no está bien visto en la cultura occidental; se percibe como algo negativo, que refleja debilidad. En realidad, renunciar a algo requiere mucha valentía, como lo pueden corroborar aquellos que han roto con su pareja o han tenido que alejarse de una relación tóxica de amistad. Debemos reformular la idea de renunciar para dejar de percibirla como una huida, que es algo negativo, y empezar a verla como una decisión activa cuya meta es mejorar nuestra vida.

Uno de nuestros trucos es que el ego es el enemigo, y como dijimos en ese capítulo, a veces la gente se estanca en un empleo que no le gusta por culpa del ego, que también es el culpable, en mi opinión, de que los emprendedores adopten una mentalidad que los lleva a percibir su empresa como un hijo pequeño. Cada vez que oigo decir: «Mi empresa es mi bebé», oigo al mismo tiempo una señal de alarma, puesto que significa que el emprendedor está pensando desde las emociones y no desde la lógica, y esa manera de pensar nubla el entendimiento. Cuando pensamos desde las emociones, no razonamos con claridad y sobrevaloramos la importancia de los problemas menores, lo que nos dificulta tomar distancia y pensar que no es para tanto, y eso nos impide separar los asuntos importantes de los que no lo son.

Considera el principio Ricitos de Oro aplicado al deseo: lo necesitas, pero no quieres demasiado. Si no sientes el deseo, no estarás particularmente motivado para triunfar, y lo más probable es que no lo hagas. Pero si deseas algo con demasiadas ganas, y la idea de no conseguirlo te parece horrorosa, te llenarás el camino de obstáculos como el estrés, el miedo y la ansiedad, que pueden limitar tu desempeño notablemente. Nos desenvolvemos mejor cuando no tenemos nada que perder y no cuando podemos perderlo todo. Decir «no es para tanto» es útil cuando aplicamos el principio de Ricitos de Oro porque, por lo general, pensamos que las consecuencias del fracaso serán mucho peores de lo que son en realidad.

La navaja de Hanlon: un repaso

Ya hemos hablado de la navaja de Hanlon en el contexto de la presunción de la buena intención. Es el principio que establece que nunca debemos atribuir a la malicia lo que puede explicarse con la negligencia. Es normal sentir a veces que hay gente que quiere sabotear nuestros esfuerzos, lo que nos lleva a sacar conclusiones falsas y poner en práctica soluciones defectuosas, pero, como ya sabemos, nada es para tanto.

Tuvimos un empleado que no se llevaba muy bien con sus compañeros, quienes lo consideraban irrespetuoso y algo irresponsable. Una vez le asignamos una tarea y no la cumplió, y al mediodía vino a verme una integrante del equipo para quejarse de él. «Es un idiota, un estúpido —me dijo—. Se cree que estáis a punto de echarlo y por eso nos está saboteando». Lo que dijo me pareció razonable, era un argumento lógico y plausible en el que encajaban todos los hechos, y yo estaba bastante predispuesto a creerlo, pero entonces pensé que, a lo mejor, no era para tanto, y presenté un contraargumento: ¿y si el empleado en cuestión actuaba sin mala intención? ¿Y si no se daba cuenta de que estaba siendo desagradable? ¿Y si su juventud le impedía comprender cómo debe conducirse un profesional? ¿Y si sufría de problemas de concentración o algún tipo de neurodiversidad que le traía dificultades? Me di cuenta de que todas esas opciones eran igual de probables, o incluso más, que la interpretación del sabotaje y la mala intención, y si alguna de ellas era la verdadera causa, ¿quién había cometido el error de darle esa tarea en particular? Nosotros, seguramente. Al aplicar la navaja de Hanlon y pensar que un problema no es para tanto, nos permitimos mirar el problema desde una perspectiva mejor.

Solamente es un punto

En 2024, el tenista Roger Federer pronunció un discurso de graduación para los alumnos del Dartmouth College. En su discurso, contó que ganó casi el 80 por ciento de los 1526 partidos que jugó durante su carrera, pero no ganó el 80 por ciento de los puntos que jugó; solo el 54 por ciento. Entonces, tuvo que aprender a pensar que cada punto era «solamente un punto».

¿Eso quiere decir que los puntos individuales no tienen importancia? Para nada. «Cuando estás jugando un punto, ese punto es lo más importante del mundo, pero una vez que termina, ha quedado atrás. Esta mentalidad es crucial porque te deja libre para poder dedicarte por completo al punto siguiente, y al siguiente y al que viene después, con intensidad, claridad y concentración».[11]

La actitud de Roger Federer puede trasladarse a los negocios y a la vida en general. Cuando nos damos permiso para pensar que algo no es para tanto, no estamos negando la importancia de una acción determinada ni diciendo que no deberíamos dedicarnos enteramente a ella; estamos asegurándonos de no permitir que los pequeños obstáculos nos impidan crecer y progresar en el futuro. Porque, como dice Federer, a veces se gana y a veces se pierde, pero «la energía negativa es energía desperdiciada. Uno lo que quiere es llegar a ser un maestro superando malos momentos. Para mí, eso es lo que define y diferencia a un campeón».

Eres el conductor, no el coche

Cuando las cosas salen mal, es fácil pensar que se debe a que uno ha hecho algo mal. Sin embargo, casi siempre se debe al curso normal de los acontecimientos, a las vicisitudes naturales de la vida. Parte de la filosofía del «no es para tanto» es permitirnos distinguir entre las cosas que salen mal por sí mismas y las cosas que salen mal a consecuencia de nuestra ineptitud.

Ilustraré lo que quiero decir con la analogía del conductor y el automóvil. Cuando estás conduciendo y el automóvil se rompe, es raro que pienses que se ha roto porque tú eres un terrible conductor, y si se pincha una rueda cuando pasas sobre algo afilado, normalmente lo único que piensas es que tienes que cambiar la rueda. Te distancias de lo que se ha roto y piensas en la manera de arreglarlo, pero nunca piensas: «Esto está roto y, en consecuencia, yo también lo estoy». No es para tanto.

Si piensas en ti como el conductor y en todo lo que ocurre fuera como los diferentes automóviles que puedes conducir, aumentarás tu eficacia en los negocios y, en general, llevarás una vida más tranquila.

Premeditatio malorum

Gran parte de la ansiedad que experimentamos en la vida se deriva de las dificultades imprevistas. Cuando aparecen problemas de la nada, no es fácil pensar que no es para tanto, y a veces hacerlo no estaría bien, pero podemos mitigar el impacto de esas dificultades anticipándonos a ellas. Este es el principio estoico de *premeditatio malorum*: la premeditación de los males.

No quisiera sonar macabro, pero la realidad es que, en algún momento de nuestras vidas, se nos morirá algún amigo. En el transcurso normal de las cosas, es bastante probable que nuestros padres mueran antes que nosotros, y todos probablemente pasaremos por la ruptura de una relación. El filósofo estoico Séneca recomienda que nos preparemos mentalmente para esos momentos difíciles a fin de poder mitigar su impacto cuando ocurran inevitablemente, y podemos aplicar este ejercicio al mundo de los negocios. Siempre habrá clientes difíciles, inversores que retiran su dinero, empleados que se van a trabajar con la competencia o momentos de complicaciones financieras. Si prevemos esos momentos, nos preparamos para enfrentarlos con compostura cuando ocurran, y eso nos pone en una posición mejor para aplicar la filosofía del «no es para tanto». Asimismo, nos permite equilibrar nuestra perspectiva y abordar los problemas de forma pragmática, y nos ayuda a ver que tal vez no sean tan graves como pensamos al principio.

La premeditación de los males tiene otra gran ventaja, y es que la certeza de que existirán malos momentos te ayuda a disfrutar y atesorar los buenos. También te ayuda a sobrellevar los momentos neutros, ni buenos ni malos, y eso es útil porque el 80 por ciento de la vida de una empresa se compone de esos momentos. No vas a estar consiguiendo grandes contratos todo el tiempo; lo que más harás será repetir las tareas que sabes que funcionan bien. La práctica estoica verdaderamente te ayuda a apreciar el valor de lo neutro.

La ola de pánico

Unas últimas palabras. Durante su primera presidencia, Donald Trump anunció que pensaba prohibir TikTok. Todos sabemos cómo terminó esa idea, pero, en aquel momento, se desató el pánico en el mundo del *marketing* de redes sociales. La prohibición de TikTok sería el final asegurado de la industria entera, pero yo para entonces tenía bien ejercitado mi músculo del «no es para tanto» y no le di tanta importancia a ese problema, que, al fin y al cabo, no era del todo real. Entonces, cada vez que me entrevistaban, decía: «Nunca ocurrirá; solo es Trump haciéndose el malo». Y, al final, tenía razón.

Cuando nos enseñamos a decir que no es para tanto aprendemos a separarnos de la reacción de locura generalizada, una enseñanza muy valiosa si tenemos en cuenta que el pánico es contagioso. Al distanciarnos de una situación así y contemplar la posibilidad de que el pánico es una reacción exagerada, aprendemos a pensar más clara y objetivamente. En el caso del pánico ante el cierre de TikTok, sinceramente me pregunté si había algo que no estaba considerando, pero no; mi reacción se debía a que había practicado decir «no es para tanto» ante problemas aparentemente más grandes, y, por lo tanto, fui capaz de no dejarme llevar por la tendencia humana a las reacciones exageradas.

Apuntes del capítulo:

- Decir que no es para tanto nos permite ver las supuestas «catástrofes» desde una mejor perspectiva.
- Solo hay tres elementos importantes en los negocios: tener un producto o servicio que la gente quiere, tener una forma de conseguir clientes y tener una forma de mantenerlos. Lo demás son elementos superfluos.
- Tu empresa está a tu servicio y no tú al servicio de ella.
- No les des tantas vueltas a los errores de los demás; probablemente su intención no sea hacerte daño.
- Nunca vas a ganar el cien por cien de las veces, y al igual que los tenistas profesionales, no necesitas ganar el cien por cien de las veces.
- Tú eres el conductor, no el automóvil. Una rueda pinchada no hará que te quiten el carné de conducir.
- Internaliza la idea de que ocurrirán cosas malas, en los negocios y en la vida, y podrás afrontar más fácilmente los acontecimientos adversos.
- No entres en pánico. ¡Seguro que no es para tanto!

TRUCO 9

La tarjeta de puntuación interna

¿Preferirías ser el mejor amante del mundo y que los demás piensen que eres el peor, o ser el peor amante del mundo y que los demás piensen que eres el mejor? [12]

Esta gran pregunta de Warren Buffett es muy interesante porque cuestiona directamente la idea que tenemos de nosotros mismos y el valor que damos a la validación y la aprobación de los demás. ¿Cuánto nos debe importar la opinión de los demás si esa opinión no está en sintonía con nuestra felicidad y nuestro éxito, que para cada uno tendrán un significado distinto?

El desempeño, las decisiones y las acciones de un individuo pueden evaluarse mediante una tarjeta de puntuación, que puede ser interna —en cuyo caso el propio individuo evalúa sus atributos— o externa —cuando dicha evaluación depende de las opiniones y los valores de los demás—. Tanto Warren Buffett como la mayoría de la gente dirían que es importante prestar más atención a nuestra tarjeta de puntuación interna que a la externa, es decir, que nuestra motivación debe estar regida por la realización personal, la integridad y la honestidad, y no debemos flaquear ante las presiones externas.

Ahora, ¿quién puede vivir así, respetando ese ideal a rajatabla? Que levante la mano quien piense que es posible.

Me temo que mi mano no se ha movido del teclado.

La verdad es que la idea de vivir de acuerdo con tu propia tarjeta de puntuación es una gran idea en la teoría, pero en la práctica resulta casi imposible llevarla a cabo.

Una de las partes más duras del mundo de los negocios, sobre todo si eres joven y tu recorrido empresarial acaba de comenzar, es experimentar la sensación de estar constantemente dos pasos detrás de los demás. Dicha sensación se intensifica con la presencia universal de las redes sociales, como lo veremos más adelante en este capítulo. En lo que a mí concierne, yo vivía sintiéndome mal por compararme con otros en mi condición de emprendedor principiante, y poco me ayudaba el consejo que dan todos de que no hay que compararse con los demás porque las circunstancias y las motivaciones de cada uno son únicas. Cuando escucho ese consejo, no puedo evitar pensar que, además de ser un cliché, es uno de los consejos más inútiles que se pueden dar. Los seres humanos somos máquinas de comparar y, por más que lo intentemos, no podemos evitar compararnos con los demás; estamos programados así, y no hay nada que hacer.

Sabía que sería inevitable compararme con la competencia, así que me vi en la necesidad de encontrar una forma de cambiar el enfoque de esa comparación. En este capítulo, describiré algunas maneras de formular una comparación, y admito que será un capítulo medio raro porque algunas de las cosas que diré se contradicen entre sí. La idea la tomé de un libro de Derek Sivers, *Cómo vivir*. En él el autor presenta un conjunto de filosofías de vida, y cada una se contradice con la anterior. Me parece una manera inteligente de pensar, puesto que la vida no es una proposición clara y ordenada que se puede aplicar a todos, sino que, en ocasiones, requiere que cuestionemos creencias y suposiciones aceptadas.

Lo interno frente a lo externo

Una cosa es reconocer que es casi imposible evitar compararnos con los demás, y otra muy distinta caer en la trampa de pensar que comparamos cosas semejantes, porque no es así. Comparamos lo interno propio con lo externo ajeno. Lo interno propio incluye los monólogos interiores, las preocupaciones, las dudas personales, nuestra visión global del lienzo de nuestra vida y, en general, todo lo que se puede saber sobre nosotros, que solo nosotros podemos saber. Lo externo ajeno, en cambio, está determinado por lo que cada uno escoge mostrar al mundo, y, por eso mismo, es algo acotado, cuidado y embellecido.

Esta tensión que existe entre lo interno y lo externo es un elemento central de las redes sociales. No eres el único que siente algo de envidia al recorrer las páginas de Instagram y ver todas esas imágenes de gente que vive la vida soñada, pero no debemos olvidar que esas publicaciones no son otra cosa que momentos pulidos y retocados que, de ninguna manera, representan la realidad del día a día de la vida de una persona, con toda su complejidad y su desorden naturales. La vida no siempre es una playa con palmeras.

Este fenómeno no es privativo de las redes sociales; los seres humanos, en general, presentamos la versión de nosotros que queremos que vean los demás, y nunca podremos saber con absoluta certeza lo que pasa dentro de la cabeza de otra persona. Las empresas aprovechan nuestra tendencia natural a compararnos con otros para vendernos bienes y servicios en apariencia maravillosos, y también nos presentan una versión de su propio éxito que no siempre refleja con fidelidad la fortaleza de esa empresa. Solo porque vemos que a un competidor le está yendo estupendamente, no necesariamente tiene que ser así; puede que lo externo no se corresponda al cien por cien con lo interno, como podría ser el caso de las fotos que sube tu amigo de sus cócteles perfectos de viernes por la noche. La gente —y las empresas— muestran las luces y no las sombras, y sería un error caer en el sesgo cognitivo de pensar que no es así.

Lo que aprendí sobre cuestionar mis suposiciones cuando trabajé con Nike

Hubo un tiempo en el que Nike era nuestro cliente y se dejaba su buen dinero en la empresa. Y un día, así sin más, cambió de agencia.

No podía dejar de imaginar todo tipo de escenarios de pesadilla. ¿Qué iba a ocurrir ahora? No me cabía duda de que la competencia era superior y que, seguramente, conseguirían que Nike les pagara más. Encima, cuando el mundo se enterara de que nos había ganado la competencia, Fanbytes comenzaría a derrumbarse.

Y me dije: «Basta».

Me di cuenta de que me estaba dejando llevar por la tendencia a comparar lo externo ajeno con lo interno propio y estaba basando los escenarios posibles en puras suposiciones, pero había otras posibilidades, como que la otra empresa no lograra satisfacer a Nike o que hasta terminaran cobrando menos que nosotros.

A veces, es imposible evitar compararnos con los demás, y cuando eso ocurre, debemos ser capaces de advertir que lo estamos haciendo y asegurarnos de que la comparación es legítima y no está construida sobre suposiciones falsas.

La teoría de lo obvio

¿Alguna vez has escuchado un tema musical, visto una película o leído un libro y te has preguntado cómo fue capaz el compositor/director/escritor de crear una obra semejante? Sé muy bien que yo no sería capaz de realizar un producto de ese tipo; está totalmente fuera de mi alcance.

Pienso en eso todo el tiempo y, cuando era más joven, me parecía una línea de pensamiento deprimente. Al compararme con artistas poseedores de talentos que yo nunca tendré, establecía la comparación en función de su genialidad y mi relativa ineptitud, y eso, además de no ser nada bueno para la autoestima, tampoco es una manera razonable de formular una comparación.

Con el paso de los años, a medida que fui adquiriendo experiencia en el mundo de los negocios, descubrí que, cuando alguien me planteaba un problema de *marketing* que le resultaba imposible resolver o comprender —lo que me sucedía con frecuencia—, yo enseguida veía una solución obvia, y casi al instante podía ofrecerle una estrategia viable para poner en práctica. Del mismo modo, sabía que hablar en público era algo temido por muchos, pero yo (habiendo superado la desventaja inicial de mi tartamudez) había descubierto que tenía facilidad para hacerlo con seguridad y confianza, incluso sobre temas de los que no tenía mucha idea.

Esos indicios me hicieron comprender que yo tenía una facilidad natural para ciertas destrezas, y no me cabe ninguna duda de que los compositores/directores/escritores, cuyo talento era tan incomprensible para mí, también tienen una facilidad natural para ciertas destrezas, y así es como logran crear lo que crean. He bautizado esta teoría como «la teoría de lo obvio». Lo que a ti puede parecerte obvio, para mí, quizá no lo sea, y viceversa. Solemos pensar, erróneamente, que si nosotros sabemos hacer algo, todo el mundo debe saber hacerlo también, y eso nos puede llevar a creer la falacia inversa: si otra persona sabe hacer tal cosa, yo también debería saber hacerla.

¿Cómo aplicamos la teoría de lo obvio al considerar la tarjeta de puntuación interna? ¡Es obvio! Solo debemos medirnos o compararnos en aquellas áreas en las que tenemos talento y nunca en los aspectos que no dominamos. Si comparo mi talento como director de cine con el de Martin Scorsese, saldré perdiendo siempre, y, además, la comparación no me resulta útil en ningún contexto, pero si me comparo con otras personas del ámbito de los emprendedores o del *marketing* de Internet, al menos me servirá para aprender algo útil. La comparación puede funcionar como una base, como un modo de calibrar mis capacidades y darme una idea de dónde me encuentro actualmente y en qué aspectos debo mejorar.

«Todos somos genios, pero si juzgas a un pez por su habilidad para subirse a un árbol, el pez vivirá toda su vida pensando que es un estúpido».

Cita atribuida a Albert Einstein

Escribe cinco atributos, destrezas o conocimientos que a ti te parezcan obvios, pero que podrían no serlo para los demás, por ejemplo, saber cocinar, tener aptitudes para el deporte o ser bueno creando instrucciones para los motores de IA. Intenta usar esas aptitudes naturales como una medida de referencia de tu tarjeta de puntuación interna cuando inevitablemente te encuentres comparándote con otra persona.

La brecha y la ganancia

Eran los Juegos Olímpicos de París y yo estaba viendo una carrera muy reñida. Cuando los ganadores del oro, la plata y el bronce subieron al podio, me sorprendió notar que el menos feliz de los tres no era el ganador del bronce, sino el de la medalla de plata. Seguramente estaba pensando que, si hubiera corrido una fracción de segundo más rápido, habría ganado la medalla de oro. El ganador del bronce, en cambio, seguramente pensaba: «Menos mal que no he corrido una fracción de segundo más despacio porque entonces no estaría en el podio». Esto me recuerda a algo que aprendí al principio de mi carrera en los negocios, y es que gran parte de la felicidad y la sensación de logro que sentimos tiene que ver con el punto desde el cual nos medimos. La tarjeta de puntuación interna está sujeta al sesgo de referencia, y la felicidad personal suele depender de si medimos lo que hemos progresado o lo que nos falta por progresar.

Dan Sullivan, emprendedor y escritor, encapsula esa idea en su teoría de la brecha y la ganancia. Dentro de este marco teórico, la brecha es la distancia que separa tu ubicación actual de la posición final a la que quieres llegar, y la ganancia es el progreso que has hecho en relación con el punto de partida, o, dicho de otro modo, la medida de la distancia recorrida.

PROGRESO...

Céntrate en la ganancia   No te centres en la brecha

Por lo general, nos enfocamos en la brecha, y por definición eso significa enfocarse en lo que aún no hemos conseguido, lo cual puede desmotivarnos y causarnos frustraciones, porque estamos pensando en lo que nos falta. Nos obsesionamos con lo que aún está fuera de nuestro alcance y tendemos a ignorar el progreso.

En mi opinión, es mucho mejor concentrarse en la ganancia, dado que concentrarse en el progreso nos motiva, nos trae satisfacciones, nos permite celebrar nuestro éxito y desarrollar seguridad y confianza, y, además, es la opción más lógica. La ganancia es una cantidad medible y representa la distancia metafórica entre tu ubicación original, un punto fijo, y el lugar en el que te encuentras ahora. La brecha depende de imaginarnos un punto arbitrario en el futuro, una versión de ti mismo y del mundo que aún no existen, y quizá nunca lo hagan.

Reconozco que, en los comienzos de Fanbytes, pasaba demasiado tiempo en la brecha. Había conocido a otros emprendedores que parecían tenerlo todo (ya lo sé, estaba comparando lo externo ajeno con lo interno propio) y me reprochaba por no haber vendido la empresa por cien millones de libras, por no haber multiplicado por diez la facturación o por no haber conseguido un cliente importante. Me llenaba la mente con lo que no había hecho, en lugar de enfocarme en lo que tenía, y para qué negarlo, esa actitud me tiraba un poco para abajo. Me dominaba la sensación de que no había hecho lo suficiente y nunca sería capaz de hacer más.

Sin embargo, un día me di un buen sermón y me obligué a recordar de dónde provenía, las viviendas sociales de Old Kent Road, las peleas de pandillas en Avondale Square, el pandillero que me salvó la vida, y me permití contemplar el largo camino que había recorrido y todo lo que había conseguido hasta entonces. Me di permiso para habitar la ganancia y todo cambió: de pronto, tuve la sensación real de haber crecido y progresado. Al calibrar mis acciones teniendo en cuenta mi punto de partida en lugar de un punto final imaginario, modifiqué mi perspectiva y eso me dio la fortaleza para enfrentarme a las incertidumbres del futuro.

Superarse

Hay gente que piensa que enfocarse en la ganancia en lugar de enfocarse en la brecha indica falta de ambición, como si darte palmaditas en la espalda al pensar en el pasado significase que no estás haciendo el esfuerzo suficiente para encarar el futuro, que te estás consolando pensando en lo bueno que has sido hasta el momento y no en lo bueno que puedes llegar a ser, que estás bajando la cabeza en lugar de mirar bien alto.

No estoy de acuerdo. Enfocarse en la ganancia no solo te da la oportunidad de expresar gratitud por haber llegado a donde estás y de saber cuál es el próximo paso ascendente sin sentirte un fracasado por no haberlo dado aún; también te da la fuerza y la seguridad para dar ese paso sin sentir que perjudicarás tu percepción de ti mismo si no lo haces. Es importante tener esta actitud porque siempre hay otro paso más para dar, seas quien seas.

Si encaramos la vida como un proceso de superación constante, en lugar de hacerlo como una carrera desenfrenada hacia la meta, nos preparamos para la evolución constante de los acontecimientos, y evitamos caer en un ciclo de dudas sin fin.

El trabajo invertido y el resultado visible

Si nos vamos a comparar con otras personas, como sin duda lo haremos, debemos asegurarnos de que comparamos las variables correctas. Esto significa, en parte, aplicar la teoría de lo obvio y no comparar nuestras debilidades con las fortalezas de otros, y también significa comparar los recursos y el trabajo que inviertes *(input)* en lugar de comparar el resultado visible *(output)*. Descubrirlo fue para mí una profunda revelación.

Veamos algunos ejemplos de lo que podríamos decir cuando comparamos los resultados visibles:

«Esta persona tiene más dinero que yo».
«Esta persona es más rápida que yo».
«Esta persona habla japonés mejor que yo».

Todas esas observaciones bien pueden ser ciertas, pero si quieres tener más dinero, ser más rápido o hablar mejor japonés, no te ayudan demasiado. Son afirmaciones, pero no son estrategias, y considerarlas fuera de contexto solo nos lleva a pensar que nunca llegaremos al nivel que tienen los demás, lo que es lo mismo que decir que te obligan a enfocarte en la brecha.

Comparar los *inputs* es una estrategia que nos lleva a hacer preguntas relevantes: «¿Qué sabe esta persona que yo no sepa? ¿Qué ha descubierto que yo no he descubierto? ¿Qué ha hecho que yo no he hecho aún?». Casi nadie nace siendo un genio, un millonario, superveloz o políglota; la mayoría han encontrado una manera de ser lo que son, han logrado obtener un cierto nivel de rédito que corresponde a un cierto nivel de inversión. Si comparas tus recursos y tu trabajo con los de la otra persona, aprenderás qué puedes hacer tú para igualar sus resultados.

Lo que observarías en una comparación de ese tipo podría ser algo así:

«Esa persona ha diversificado sus inversiones mejor que yo».
«Esa persona ha optimizado su régimen de ejercicios con la ayuda de un deportista de primer nivel».
«Esa persona asiste a clases de japonés tres veces a la semana».

Una vez que has establecido los *inputs*, todo lo que tienes que hacer es ir y copiarlos, y eso aumentará tus probabilidades de emular también los *outputs*. (No olvides lo que dijimos en un capítulo anterior: la originalidad está sobrevalorada. Si alguien ha encontrado la mejor forma de conseguir cierto resultado, nada nos impide copiar sus acciones si nosotros también queremos lograr ese resultado. No tenemos que reinventar la rueda).

Comparar los *inputs* en lugar de los *outputs* nos permite reformular por completo el proceso entero de la comparación, y ya no lo experimentamos como una forma de debilitar la confianza y censurarnos, sino que se convierte en una labor positiva y nos lleva más rápido a donde queremos llegar.

No eres Usain Bolt

Compara los *inputs* y no los *outputs*. Vive en la ganancia y no en la brecha. Cuestiona tus suposiciones. Estas son estrategias inteligentes para decidir cómo nos comparamos con los demás. Pero ahora ha llegado el momento de las contradicciones que dije que habría en este capítulo. Algunas personas van a lograr cosas que ni tú ni yo lograremos nunca. No creo que seas Usain Bolt y yo nunca llegaré a ser LeBron James. Si eres compositor, nunca serás Mozart; si eres dramaturgo, nunca serás Shakespeare. Casi nadie nace siendo un genio, pero cada tanto, nace alguno, y comparar tus *inputs* con sus *outputs* no te llevará muy lejos, puesto que su talento prodigioso es algo excepcional.

Para que nuestra tarjeta de puntuación goce de buena salud, debemos aprender a compararnos con los demás de una forma constructiva o, en ocasiones, debemos evitar la comparación por completo. Si realmente no nos interesa ser como una persona determinada, o no tenemos la esperanza real de que alguna vez podamos serlo, la comparación carece de significado. No te dejes arrastrar a una carrera que no es para ti.

Derrotista u optimista

Estar comparándonos con otros suele percibirse como algo negativo, y a veces puede serlo si nos predispone a la mentalidad derrotista. No es bueno que las comparaciones nos hagan pensar que no podemos hacer algo simplemente porque otro ya lo ha hecho y lo ha hecho bien; sin embargo, podemos revertir esa mentalidad. En primer lugar, admitamos que, cuando nos comparamos con alguien, una vocecita en la cabeza nos dice que, en el fondo, aún nos quedan logros por alcanzar. Admitamos también que el mismo hecho de compararnos con alguien significa que sabemos que hay otro nivel del que podemos aprender algo. En lugar de dejar que la comparación nos tire para abajo, podemos reconducirla para que nos impulse a avanzar.

Cuidado con el efecto halo

Cuando era adolescente, estaba obsesionado con un sitio web llamado «Retirarse a los 21». Era un sitio lleno de información y perfiles de personas que habían construido empresas muy exitosas y ganado vastas fortunas cuando eran muy jóvenes. Yo me sumergía en esos relatos con el fin de incorporar la idea del éxito en mi cabeza, y me comparaba con ellos y anhelaba ser así, pero, en el fondo, me sentía un poco mal conmigo mismo porque todavía no había conseguido ese nivel de riqueza e independencia.

Llegó el día en que conocí a uno de ellos. Y luego, conocí a otro. Y a otro.

De más está decir que estas personas no eran tan excepcionales como las había imaginado; algunas bebían demasiado, otras atravesaban depresiones, y muchas eran sosas y poco interesantes. Me costaba creer que se trataba de las mismas personas que, en mi imaginación, estaban en la cumbre del éxito. No podía creer que me hubiera dejado influenciar, para bien o para mal, por sus historias.

Cuando tomamos nuestra tarjeta de puntuación y nos comparamos con personas que han triunfado, terminamos poniéndolos en un pedestal y dando por hecho que demuestran en todos los aspectos de la vida la misma excelencia que demuestran en cierto campo. Esta conducta recibe el nombre de «efecto halo» y nos lleva a ignorar el hecho de que la otra persona es un ser humano, y, como tal, tiene una inmensa cantidad de defectos.

Hoy en día, y me avergüenzo un poco de ello, veo que los jóvenes emprendedores hacen conmigo lo que yo hacía con los empresarios de «Retirarse a los 21»: me ponen en un pedestal. Dan por hecho que, dado que me ha ido bien en los negocios, mi vida es perfecta y tengo todo solucionado, pero no es así. Mi vida tiene sus complicaciones, al igual que la de cualquiera. Sufro de TOC y TDAH, tengo tics nerviosos difíciles de controlar, problemas en las relaciones personales y ansiedad en general, como todo el mundo. Compárate conmigo si quieres, pero no olvides que te comparas con alguien que está muy lejos de tenerlo todo resuelto. No compares lo mío externo con lo tuyo interno.

En África se usa mucho una frase que me encanta: «¿Acaso tiene dos cabezas?». Es una de las mejores frases que he oído, y significa que no debemos pensar que alguien es especial. Una vez que internalizas la noción de que las personas que admiras no son tan distintas, que tienen sus propias dudas e inseguridades, empiezas a pensar de otra manera. Es como si alguien se metiera en tu cabeza, descorriera las cortinas y dijera: «¡Mira! Esto es lo que eres capaz de hacer». Te das cuenta de que la vida que quieres en realidad está más a tu alcance de lo que imaginas.

La junta de directores interna

En las empresas, la junta de directores es un órgano de supervisión y liderazgo. Se asegura de que las organizaciones funcionen de forma ética y correcta, y de que el funcionamiento de la empresa se corresponda con los intereses de sus accionistas.

Yo tengo una junta de directores en mi interior, que solo existe en mi cabeza y consiste en el panel ideal: un grupo selecto de individuos que admiro y cuyo consejo buscaría en la vida real, si tuviera la oportunidad. Los directores de mi junta interna no provienen todos del mundo de los negocios, y su existencia tiene el fin de guiarme en todos los aspectos de la vida. Ellos son el fisicoculturista, actor y político Arnold Schwarzenegger, la tenista Serena Williams, el empresario y *coach* de negocios Sam Ovens, y el inversor y filántropo Charlie Munger.

Arnold Schwarzenegger

Siento gran admiración por Schwarzenegger por su increíble grado de determinación y su capacidad de reinventarse y crear una nueva identidad. Su trayectoria, desde sus comienzos en una pequeña aldea austríaca hasta consagrarse en tres campos diferentes —el fisicoculturismo, la actuación cinematográfica y la política—, exhibe un extraordinario grado de compromiso y perseverancia. Hacer todo eso sin perder la ética ni la integridad, dedicándose a la filantropía y la defensa del medioambiente, habla de una persona cuya tarjeta de puntuación interna es absolutamente impecable.

Serena Williams

Su brillante carrera y su dominio del tenis no son las únicas razones por las que Serena Williams está en mi junta de directores. También admiro su gran resiliencia, que la llevó de un entorno humilde en Compton, California, a convertirse en una figura reconocida internacionalmente. Admiro la longevidad de su carrera y su capacidad de adaptarse a la naturaleza cambiante del juego. Admiro su fortaleza física y mental, su espíritu emprendedor y su capacidad de usar su influencia para promover causas sociales, como los derechos de la mujer y la igualdad racial. Es una mujer energética, trabajadora, explosiva, resuelta. No se me ocurre ninguna situación en la que no tuviera valor su consejo.

Sam Ovens

Sam Ovens es quien me introdujo en el *marketing* de Internet al principio de todo. Su agudeza mental es extraordinaria y se complementa con su personalidad tranquila y una manera de obrar que inspira seguridad. Sobre todo, lo admiro por la forma en que piensa, siempre con un enfoque lógico y racional. Sé que, si recurriera a él, me ayudaría a pensar con claridad y a superar las dificultades.

Charlie Munger

Charlie fue el socio de Warren Buffett en Berkshire Hathaway, un inversor increíblemente exitoso y un verdadero filántropo. Sin embargo, su perspectiva sobre la vida es el motivo por el que integra mi junta de directores. Charlie tiene la capacidad de expresar verdades sobre el mundo de tal manera que parecen obvias cuando él las dice, y de ofrecer estrategias ejecutables para vivir la vida de manera positiva y productiva.

Mi junta de directores siempre está disponible cuando necesito un modelo dentro del cual tomar una decisión. Cuando vendí mi compañía, el brillo y el glamur asociados con ser el dueño de Fanbytes comenzaron a disiparse, pero yo aún tenía toda la vida por delante, y me dio mucha fuerza pensar: «¿Qué haría Arnold?». Me permitió reflexionar sobre cómo se reinventó a sí mismo a lo largo de su vida y su ejemplo me sirvió de inspiración. Pero no todas las consultas que presento ante la junta son cuestiones de vida o muerte, o encrucijadas existenciales de la vida; ellos están allí para ayudarme con cosas mucho más pequeñas. En el gimnasio, cuando me cuesta encontrar la motivación, imagino todo lo que diría Serena. Hace poco estuve de vacaciones en Brasil con algunos amigos y, una noche, decidimos ir a una fiesta. De pronto, me encontré en un ambiente festivo y ruidoso, rodeado de gente borracha y algo exaltada. A la mañana siguiente, debía levantarme temprano para hacer unas llamadas de trabajo y me vi en un conflicto: sabía que debía regresar al hotel, pero no quería ser un aguafiestas. Entonces pensé: «¿Qué haría Sam Ovens? ¿Qué pensaría de esta situación?». Mi respuesta fue que Sam señalaría que el camino para llegar a ser quien yo quería no era la compañía de esas personas, y que aunque me quedara para divertirme un rato, no volvería al hotel antes de las dos y media de la madrugada, lo que me impediría estar en mi mejor forma para mi llamada de las ocho y media. Además, seguramente mis amigos se divertirían lo mismo conmigo o sin mí. Pensándolo desde ese punto de vista tan lógico, tuve la certeza de que no había ningún motivo para quedarme, así que me fui temprano.

Tu junta de directores interna seguramente no será igual que la mía. Para hacer la tuya propia, identifica entre tres y cinco personas cuyas historias, personalidades y acciones significan algo para ti, y a quienes verdaderamente te gustaría consultar en la vida real. Haz una lista, como yo lo he hecho, junto a los motivos por los que se merecen un lugar en la junta. Luego, defínelos al detalle. Escoge un atributo que admires de cada uno —lo ideal es no repetir atributos—, e introdúcelos en tu vida diaria. A lo largo del día, contarás con tres, cuatro o cinco modelos de referencia que te ayudarán a tomar las decisiones. Cuando asocias un atributo a una persona específica, lo ves de forma más clara y concreta, y es más fácil actuar en consecuencia.

Las comparaciones invertidas

Una de las razones principales por las que Charlie Munger es miembro de mi junta es que gracias a él conozco la noción de lo que yo llamo «comparaciones invertidas». Ya hemos hablado de la idea de comparar los *inputs* y no los *ouptuts*, y eso nos lleva a preguntarnos qué haríamos si quisiéramos obtener un resultado particularmente bueno. Charlie Munger sugiere que invirtamos la idea y nos preguntemos qué haríamos si quisiéramos obtener un resultado particularmente malo, y abstenernos de hacer precisamente eso.

Por ejemplo, si yo quisiera tener mala salud y un estado físico deficiente, ¿qué haría? No ejercitaría y me alimentaría con comida basura. Si quisiera tener deudas, ¿qué haría? Me aseguraría de gastar más de lo que gano. ¿Qué haría si quisiera que mi relación amorosa fracasara? Actuaría con egoísmo y pondría en primer lugar mis necesidades, y en segundo, las de mi pareja. La conclusión natural es que, si no queremos llegar a esos resultados, debemos evitar esos caminos.

Se trata de cambiar la manera de comparar. Normalmente, nos comparamos con personas exitosas que han logrado buenos resultados, pero podemos aprender tanto, o más, si nos comparamos con personas menos exitosas —reales o imaginarias— y evitamos seguir sus caminos. Esta estrategia nos vendrá muy bien para completar la tarjeta de puntuación interna.

Apuntes del capítulo:

- Es imposible no compararnos con otros, por más que todo el mundo recomiende lo contrario. El secreto es hacer comparaciones que nos resulten útiles.
- Lo externo ajeno no equivale a lo interno propio, ni siquiera al de ellos mismos.
- Cuestiona tus suposiciones. Las suposiciones falsas producen comparaciones sesgadas.
- Los talentos naturales de una persona pueden no ser los tuyos, y viceversa. Compárate con otros solo en las áreas donde residen tus habilidades.
- Lo que mides es importante. Medir el progreso es mucho más útil que medir la distancia que falta para llegar a un punto final arbitrario. Céntrate en la ganancia, no en la brecha.
- Compara los *inputs*, no los *outputs*.
- Forma una junta de directores interna compuesta por las personas cuya manera de ver la vida admiras más. Consúltalas con frecuencia.

TRUCO 10

Cómo atraer la suerte

Cuando los emprendedores exitosos hablan de sus logros, es común escuchar la frase: «Tuve suerte».

Cómo me molestaba oír esa frase hace algunos años. Me parecía que cualquiera que atribuyera su éxito a la suerte estaba intentando engañarme, que invocaban ese concepto intangible para esconder la verdad. Ellos sabían cuál era el ingrediente secreto de su éxito, pero no querían compartirlo con personas como yo, así que me decían que tuvieron «suerte» y se acababa la conversación. ¿Quién podía cuestionarlo?

Ahora que yo mismo he jugado a ser emprendedor, me doy cuenta de que algo de verdad había en su respuesta, porque es innegable que la suerte siempre tiene algo que ver. Cuando Napoleón dijo que prefería tener generales con suerte que buenos generales, lo decía en serio. A veces, la gente experimenta golpes de suerte y es un defecto común que los grandes triunfadores atribuyan su éxito a su propia genialidad, cuando podría atribuirse de forma más realista a la suerte. Sin embargo, en aquel entonces, aún no había aprendido que, en general, la suerte no es lo que la mayoría supone. No es, o al menos no siempre, una fuerza aleatoria totalmente ajena a nuestras propias estructuras y actividades, ni se distribuye equitativamente. En realidad, la suerte está condicionada por esas estructuras y actividades, es decir, la cantidad de suerte que experimentamos se relaciona estrechamente con el esfuerzo que hacemos.

«Cuanto más practico, más suerte tengo».

Cita atribuida a GARY PLAYER

Este truco nos enseña a forjar nuestra propia suerte y a observar el mundo tal cual es, instándonos a asegurarnos de que actuamos en consecuencia. Nuestra tarea, en los negocios y en la vida, es desplegar las velas para atrapar el viento de la buena fortuna cuando este sopla.

Mis momentos de «suerte»

Me gustaría contarte tres momentos de suerte que tuve en mi recorrido profesional, tres puntos de inflexión que encaminaron las cosas en la dirección óptima y que te ayudarán a ver más claramente que la suerte no tuvo nada que ver y que fueron las consecuencias naturales de ciertas acciones y conductas.

Durante mi año sabático, aunque ya había decidido que quería dedicarme a los negocios y ya había fundado y vendido *Entrepreneur Express*, decidí que necesitaba aprender de otras personas un poco más sobre ese mundo. Me presenté en Beauhurst, la empresa de inteligencia financiera, con la intención de ocupar un puesto de ventas que estaba vacante. El gerente me hizo la entrevista para el puesto, pero no conseguí el empleo porque, según me dijo, estaba buscando a alguien con más experiencia. ¡Mala suerte!

¿Mala suerte?

No tanta, porque también me dijo que no debería trabajar para otra persona, sino que debía intentar algo por mi cuenta, y que él invertiría en mi nuevo negocio. Ese negocio fue Bandzie, el predecesor de Fanbytes. Tal como lo había prometido, el gerente hizo una inversión simbólica, pero hizo algo más importante: me presentó a su inversor principal.

Este inversor era un personaje importante. Ganaba millones de dólares, tenía una relación cordial con Bill Gates y fue el inversor inicial de muchas empresas emergentes exitosas. También fue uno de nuestros primeros inversores, y tener su nombre asociado con nuestra empresa fue realmente importante para nosotros; nos dio credibilidad y abrió las puertas a futuros inversores. Fue exactamente el tipo de momento que aquellos emprendedores sobre los que había leído llamarían «golpe de suerte».

Puedes decir que fue suerte, pero esa suerte fue el resultado directo de mi humilde búsqueda de empleo con el fin de aprender de aquellos que sabían más que yo.

Otro momento importante fue cuando conocí a uno de nuestros inversores principales, un hombre llamado Jorg. Él también ganaba cientos de millones y siempre estuvo dispuesto a apoyarnos económicamente. De hecho, sin su ayuda, Fanbytes nunca hubiera podido continuar su crecimiento, así que nuestro primer contacto bien podría considerarse un golpe de suerte. Cuando llevábamos dos años con la empresa, hicimos una campaña para TuneMoji, una aplicación de mensajes musicales, y gracias a nuestro trabajo, la aplicación se convirtió en la más popular en los Estados Unidos. El director general era un hombre energético e hiperactivo, quien se ofreció a ponernos en contacto con uno de sus principales inversores, que no era otro que Jorg. Al ver el trabajo que habíamos hecho para una de las empresas de su cartera de inversiones, Jorg se interesó en nosotros y terminó siendo nuestro mayor inversor. Desde fuera, sin duda habrá parecido que la suerte estaba de nuestro lado.

Hasta la decisión de crear Fanbytes tuvo un componente de lo que podría llamarse «suerte», visto desde afuera. Cuando trabajábamos en Bandzie, que promovía experiencias compartidas entre las bandas y su público, dimos con un *youtuber* llamado Jake West. Él era uno de los pocos clientes cuyos seguidores habían acogido con éxito el concepto y compraban los productos, y gracias a él pudimos darnos cuenta de que los *youtubers* eran los que ejercían más influencia, más incluso que las bandas o los artistas. Aquel descubrimiento aparentemente azaroso fue el resultado de nuestra presencia activa y nuestro trabajo y esfuerzo.

Lo mismo puede decirse de Fanbytes como concepto, en términos más generales. Desde una perspectiva externa, podría considerarse suerte haber creado una empresa de *marketing* de redes sociales justo cuando las redes estaban creciendo y triunfando, pero, en realidad, fue el resultado de la combinación de todo lo que había aprendido los años anteriores: *marketing* de Internet, escribir artículos, hablar en público, preparar presentaciones de ventas… Todo ello dio pie a un conjunto específico de conocimientos y Fanbytes fue la empresa donde mejor podía aplicarlos. Algunos lo pueden llamar suerte, pero otros podrán atar cabos.

La suerte es lo que ocurre cuando nos enfocamos en los *inputs* y no en los *outputs*. No siempre podemos predecir con exactitud cuáles serán los resultados, así como yo no podría haber sabido que obtendríamos inversiones de gente tan importante. Pero lo que sí podemos predecir es que tendremos más suerte si nuestra presencia es mayor.

Haz apuestas asimétricas

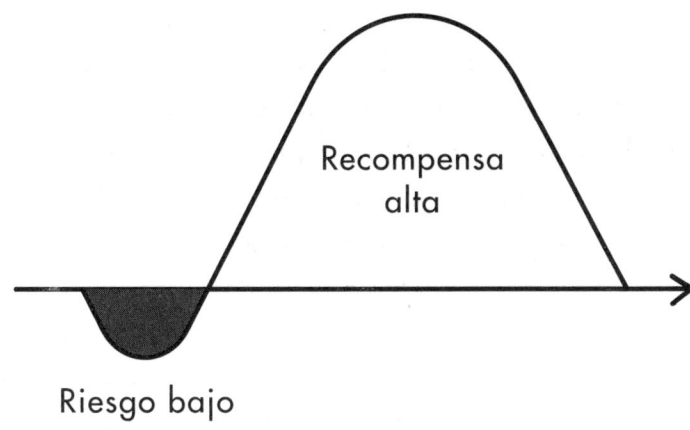

Recompensa alta

Riesgo bajo

El riesgo nos atemoriza, sobre todo por el posible resultado negativo de una decisión arriesgada. «Si dejo mi trabajo, corro el riesgo de no conseguir otro». «Si creo una empresa, corro el riesgo de que fracase». «Si rompo con mi pareja, corro el riesgo de quedarme solo». Y es cierto: todas esas opciones suponen una alta cuota de riesgo, y si vivimos tomando decisiones arriesgadas, pronto veremos que nuestra suerte comienza a escasear. Por otro lado, nunca lograremos progresar si intentamos eliminar todos los elementos arriesgados de nuestra vida.

La solución es volcarse más en las apuestas asimétricas. Una apuesta asimétrica es una decisión en la que los resultados negativos son muy limitados, o al menos reducidos, y los positivos son casi infinitos. El escenario del casino es ideal para explicarlo. Si juegas a la ruleta y crees que, con el tiempo, podrás ganarle a la banca, terminarás sin un céntimo porque la apuesta del casino es tremendamente asimétrica. Ellos saben que siempre terminarán ganando. Es imposible tener el mismo grado de certeza que un casino, pero aplicando este razonamiento, aprenderás algo que puedes aplicar al mundo de las finanzas, donde es bastante habitual la noción de apuesta asimétrica. Por ejemplo, cuando un inversor hace una inversión pequeña en una promisoria empresa emergente, las pérdidas se limitan al tamaño de esa inversión, mientras que las posibles ganancias podrían ser colosales. La idea de la apuesta asimétrica también se puede aplicar a la vida; de hecho, gran parte de los consejos de este libro se construyen sobre ese concepto.

Aprender cosas nuevas no tiene ninguna desventaja, y las cosas a favor podrían ser infinitas. La capacidad de usar una destreza de manera productiva y de enriquecer tu propio sentido de la identidad siempre será un atributo valioso en la vida. Por el contrario, no hay nada a favor de no aprender destrezas nuevas, y son casi infinitas las posibles desventajas de ser incapaces de abrirnos a nuevas perspectivas. Aprender cosas nuevas es una apuesta asimétrica que indudablemente aumentará tus probabilidades de tener un golpe de suerte.

Otra gran apuesta asimétrica es fundar una empresa con pocos gastos iniciales. Si te va bien, cosechas los posibles beneficios de una empresa exitosa, y si la cosa no funciona, no te arriesgas a perder mucho dinero. Y, en el proceso, quizá logres la libertad económica y seguramente aprenderás varias destrezas nuevas, conocerás a personas interesantes y tendrás numerosas experiencias que nunca antes has tenido.

En el capítulo cuatro, hablamos de la construcción de la red de contactos, una clara apuesta asimétrica que te encamina y te impulsa hacia la suerte favorable. Ninguna desventaja, todo ventajas. Otra apuesta de este tipo es la publicación de contenido en línea: hacerlo es fácil y no cuesta nada, y te ayuda a posicionarte como una voz de autoridad.

El valor de una apuesta asimétrica se extiende más allá del mundo de los negocios. Hacer ejercicio físico, por ejemplo, casi no tiene efectos negativos, mientras que son incontables los posibles efectos positivos para la salud física y mental, la confianza en uno mismo y la apariencia. ¿Cuántas veces nos sentimos atraídos por alguien y no nos animamos a entablar una conversación porque nos da miedo que nos rechacen, y nos perdemos la oportunidad de encontrar una pareja para toda la vida?

Si hacemos muchas apuestas asimétricas, lo más probable es que perdamos la mayor parte del tiempo, pero cuando ganemos, lo haremos a lo grande. Otros lo verán como que hemos sido tocados por la varita de la fortuna, pero en realidad no es así, porque la suerte no se encuentra esperando a que el destino se porte bien con nosotros, sino que se trata de dominar las circunstancias e inclinar la balanza a nuestro favor.

> «Te levantas todos los días con buena salud y te espera una jornada ajetreada en la que puedes ganar dinero, proponer e iniciar proyectos, y construir tu vida […]. Alégrate. Tú puedes hacerlo, tienes una oportunidad. Eres una de las personas más afortunadas de la Tierra».
>
> DRA. JULIE GURNER[13]

Ampliar el área superficial de la suerte

Probablemente has oído que la suerte reside en el punto en el que se encuentran la oportunidad y la preparación. Imagina dos círculos que se intersecan. Uno es el círculo de la oportunidad; el otro es el círculo de la preparación. La suerte se halla en la intersección de los dos círculos.

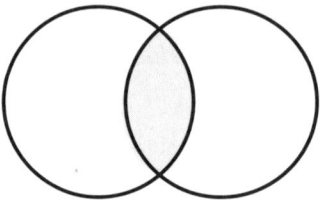

Entonces, ¿cómo aumentamos el área superficial de la intersección? Aumentando el área de la superficie de cada círculo.

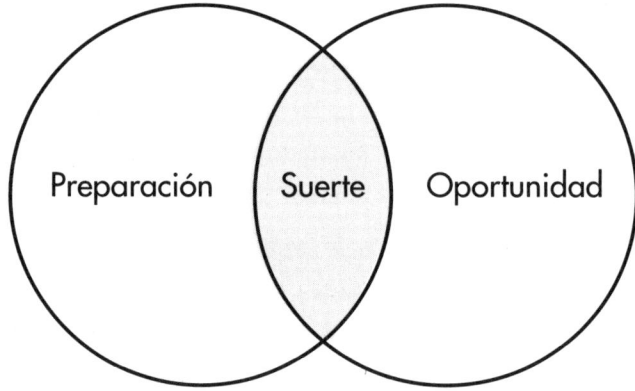

Lo que nos lleva a la siguiente pregunta: ¿cómo ampliamos los círculos de la preparación y la oportunidad? La respuesta es acumular destrezas y decir que sí hasta que podamos decir que no.

Acumula tus destrezas

En la actualidad es más fácil aprender nuevas destrezas que en cualquier otro momento de la historia. No importa la edad o la experiencia que tengas; siempre hay algo más por aprender y todos tenemos acceso a innumerables y valiosos recursos. Podemos ampliar el círculo de la preparación acumulando nuevos conocimientos y destrezas que tengan valor en nuestro entorno laboral, como puede ser el *marketing* o el arte de la negociación, y luego practicarlas periódicamente para que, cuando se presente la oportunidad, estemos preparados para recibirla.

Di que sí hasta que puedas decir que no

En las etapas iniciales de su recorrido, muchos empresarios suelen predicar la doctrina de la atención focalizada, que establece que cuanto más practicas ciertas acciones y más focalizas tu atención en ellas, más oportunidades se presentarán en tu camino.

Mi opinión es diferente; yo pienso que la doctrina de la atención focalizada es muy limitada. Si bien focalizar la atención es importante, considero que su importancia está sobrevalorada. Enfocarse exclusivamente en un solo aspecto de un negocio, o de la vida, restringe las oportunidades. Me parece más inteligente «seguir diciendo que sí hasta poder decir que no». Las jugadas de gol y las oportunidades solo se presentan cuando se ha dicho que sí a muchas otras cosas. Conoce toda la gente que puedas, ponte a prueba en todos los escenarios posibles, aunque sean complicados y pienses que no van a ser de tu agrado. Concéntrate en la amplitud y no en la profundidad. Decir que sí a todo lo que se presenta en tu camino te da la posibilidad de conocer más gente, establecer más conexiones y, en general, ampliar el círculo de la oportunidad. Si dices que sí, verás cómo se presentan las oportunidades, y llegará el momento en que tengas tantas oportunidades interesantes y variadas para poder elegir que te podrás dar el lujo de decir que no a las que no te gusten.

Incluso ahora, que puedo llamarme «famoso», así, entre comillas, sigo tratando de decir que sí todas las veces que puedo, y la verdad es que nunca me arrepiento y casi siempre me alegro de haberlo hecho. Hace poco me encontré con una antigua amiga en un café y me contó que estaba a punto de irse a Egipto, a un retiro medio *hippy* para gente de negocios. Sonaba exactamente como el tipo de locura que normalmente evitaría, pero cuando me invitó, dije que sí. Y no voy a mentir: cuando llegué me pareció un poco patético, pero durante la estadía, conocí a dos personas con las que establecí una conexión profunda, con una en lo personal y con la otra en lo profesional. Si yo no respondiera siempre que sí por defecto, nunca se hubiera presentado la oportunidad de conocer a esas dos personas.

Si logramos responder siempre que sí por defecto, podemos dar una vuelta más a nuestra observación de que la suerte reside en el punto en que se encuentran la oportunidad y la preparación, y decir que la suerte reside donde la preparación se encuentra con la realidad. Solo requiere enfocarse en las cosas que podemos controlar, y, con el tiempo, el momento justo logrará alcanzarnos.

En el capítulo siete, hablé de cuando solía contabilizar las veces que decía «yo» para intentar decirlo menos. No sería mala idea empezar a contar las veces que decimos «sí», pero con el propósito opuesto: tratar de decir que sí con más frecuencia. Usar el contador con este fin te ayuda a centrarte en lo positivo, ampliar tus redes y ampliar el ciclo de la oportunidad, y ya verás que cuando empieces a hacerlo sucederán cosas buenas.

«La suerte favorece a la mente preparada».

Luis Pasteur [14]

Sé generoso

Cuando era más joven, oía con frecuencia predicar a la gente la máxima de la generosidad, que dice que cuanto más generoso eres, más te sonríe la fortuna. Pensaba que era uno de esos consejos que suenan bien pero no terminan de convencer a nadie, un poco soso y un poco vago, y hasta sin demasiado sentido, pero desde aquellos días he aprendido que es totalmente cierto: la generosidad hace que sucedan cosas buenas. Si siempre das, difícil es que no recibas.

Entonces, ¿qué significa exactamente ser generoso? No solo se trata de repartir dinero, aunque ese tipo de generosidad puede rendir sus frutos; también puede ser algo tan sencillo como ofrecer tu tiempo o tu energía mental para ayudar a otra persona. Si actúas de ese modo durante el tiempo suficiente, verás que la gente se vuelca hacia a ti y querrá devolverte lo que haces por ella. Si les muestras más respeto, aprecio e interés, ellos harán lo mismo contigo, te apoyarán en tus negocios y colaborarán con lo que les pidas. La generosidad crea un ciclo mutuo de confianza que tiene miles de beneficios.

Es algo más que un ideal optimista. Un estudio psicológico registró la cantidad de dinero que gastaba en propinas cada cliente según cuántos dulces de cortesía les había llevado el camarero después de la cena. El estudio estableció una correlación positiva entre la cantidad de dulces y las propinas. Cuando el camarero llevaba dos dulces, la propina era mejor que cuando solo llevaba uno, pero la propina aumentaba bastante más cuando el camarero dejaba un dulce en la mesa, se iba, y luego, como si lo hubiera asaltado un momento de generosidad, regresaba y dejaba un segundo dulce.

Es importante reconocer que este principio de reciprocidad a veces contiene una cuota de cinismo. El supermercado no te regala una muestra gratis porque es bueno y generoso, las empresas no les regalan canastas navideñas a sus clientes solo porque es Navidad. Cuando digo que debemos ser generosos, no quiero decir que lo hagamos por motivos ocultos; la gente no es tonta y puede distinguir entre lo genuino y lo artificial, y se da cuenta de cuándo alguien quiere sacar provecho. Lo que quiero decir es que asumir una actitud de generosidad real puede mejorar la vida de todos los que integran tu círculo de influencia. Los pequeños detalles son importantes. Siempre trato de recordar el cumpleaños de mis amigos y conocidos, y ese día les envío algún regalito simbólico, pero no lo hago porque espero algo a cambio ni porque quiero forzar una relación de reciprocidad, sino porque aprendí que los actos de generosidad influyen positivamente tanto en mi bienestar como en el de todos los que me rodean. No lo veo como un acto estudiado y artificial, y tiene el potencial de inspirar a otros a actuar de la misma manera. Ocurren grandes cosas cuando abundan la bondad y la buena voluntad, y la generosidad correspondida amplía el área superficial de la suerte de todos los que participan.

Apuntes del capítulo:

- Las apuestas asimétricas, con pocos efectos negativos e infinitos efectos positivos, pone a la suerte de nuestro lado.
- La suerte se construye sobre los cimientos del trabajo duro, la inversión en uno mismo y la búsqueda de oportunidades.
- Para ampliar el área superficial de la suerte, debemos ampliar las áreas de la preparación y la oportunidad.
- Cuanto más generosos somos, más nos sonríe la suerte y la generosidad se recompensa naturalmente.

TRUCO 11

Todo lo que es grande alguna vez fue pequeño

En una vieja entrada de diario escribí los objetivos que tenía en ese momento para mi empresa: llegar a un millón de libras de facturación anual y luego venderla a Snapchat por cuatro millones. Ahora me doy cuenta de que era un sueño muy pequeño, y nuestra compañía también era pequeña. La primera campaña que vendimos fue para una empresa de actividades al aire libre, y por ella cobramos trescientas libras.

Hagamos cuentas. A trescientas libras la campaña, hubiéramos necesitado vender 3333 campañas al año, o sea, sesenta y cuatro por semana. Algo totalmente imposible.

De todos modos, creía firmemente en mí mismo y no tenía ninguna duda de que llegaría a la meta de siete dígitos, pero la tarea que tenía por delante era de una magnitud extraordinaria. No podía evitar compararme con todos los empresarios triunfadores que conocía, quienes aparentemente habían descubierto el secreto del mundo de los negocios, y tampoco podía evitar preocuparme porque no sabía muy bien cómo íbamos a lograr nuestro objetivo, dado que la empresa era tan pequeña y el objetivo, tan grande.

Ya hemos hablado en páginas anteriores del conflicto que nos causa ver que otros nos llevan mucha ventaja en el camino de los negocios, y no podemos evitar sentir, por más que creamos en nosotros ciegamente, una abrumadora sensación de que estamos muy lejos de ese lugar. También hablamos de cómo podemos aplicar ciertas estrategias para no perder la perspectiva, como evitar comparar lo interno propio con lo externo ajeno o centrarse en la ganancia y no en la brecha. Sin embargo, uno de los mejores recursos que tenemos para dominar la ansiedad y mitigar la frustración que nos causa no estar donde queremos estar es reconceptualizar nuestra idea de lo pequeño. Para ello, es esencial aceptar el hecho de que todo lo que es grande, antes fue pequeño, y ser capaces de reconocer que ser pequeño ofrece numerosas ventajas que a veces se pasan por alto, y que, por lo general, el progreso incremental es mejor que avanzar a pasos agigantados. Además, hay varias estrategias que compartiré contigo en este capítulo y que se pueden aplicar en cualquier etapa de una empresa.

Lo grande no siempre es bello

En el quinto truco, hablé del modelo de los dos pasos, que consiste en pedir consejos a quienes se encuentran apenas dos pasos por delante de nosotros, lo que nos resultará más útil que pedírselo a aquellos cuyas empresas nos superan por mucho. Quizá recuerdes que le pedí consejo a un empresario y *coach* personal de mucho éxito, y me dijo que la respuesta era pensar globalmente sin demora. Seguir ese consejo hubiera acabado con Fanbytes, puesto que, sin la infraestructura necesaria, hubiera sido insostenible una expansión de ese calibre. Nos habríamos convertido en una empresa más entre las tantas que cometieron el gravísimo error de sobrecargar su capacidad al intentar hacer frente a los altos costes y la complejidad de las operaciones sin contar con la preparación necesaria para superar esos desafíos. Ese error tuvo consecuencias fatales para muchas empresas, y para poder aprender de ellas compartiré contigo algunos ejemplos.

Pastelería Crumbs

Al principio de los años 2000, en pleno auge de los *cupcakes*, Crumbs era su fabricante número uno en ventas de los Estados Unidos. La empresa, fundada y dirigida por un matrimonio, nació en Manhattan en el año 2003, y, en poco tiempo, tuvo muchísimo éxito y expandió su línea de productos a varias ciudades, pero esa expansión no resultó sostenible debido al alto coste de mantener docenas de tiendas minoristas y también al hecho de que, cuando se aplacó la fiebre de los *cupcakes*, las ventas empezaron a caer. Fue imposible mantener el impulso inicial, y la empresa se vio en serias dificultades, aunque, afortunadamente, en los últimos años han podido recuperarse. La historia de Crumbs contiene una enseñanza importante: si te expandes demasiado rápido basándote en suposiciones más que optimistas sobre la viabilidad futura de un producto en el mercado, te estás metiendo en problemas (los *cupcakes* estarán deliciosos y serán muy bonitos, pero no cubren ninguna necesidad específica).

Zynga

Zynga ofrecía videojuegos en una época en la que el mercado estaba lleno de productos similares pero de baja calidad. La empresa comenzó bien, y con dinero en el banco, gastó cien millones de dólares en sus propios centros de datos, y 228 millones en las oficinas de su sede central en San Francisco. Sin embargo, se expandió más rápido de lo que pudo innovar su producto, y pronto tuvo que reducir el personal y cerrar los centros de datos. La empresa aún existe, pero en una escala mucho menor debido a las exorbitantes sumas que gastó en un crecimiento prematuro.

pets.com

El objetivo de pets.com, una empresa fundada en 1998, era aprovechar el auge del mercado del comercio electrónico en un nicho tan rico como el de los artículos para mascotas, una idea muy buena. La empresa atrajo importantes inversiones y pronto se hizo muy popular. Sin embargo, se expandió muy rápido y tuvo que hacer frente a altísimos costes operativos y gastos de *marketing*, mientras sus competidores se hacían con un trozo de su pastel. La expansión se llevó adelante sin contar con un plan estratégico adecuado y sin la comprensión de la necesidad de encontrar un equilibrio entre el crecimiento y la estabilidad.

Es muy larga la lista de empresas que fracasaron porque intentaron correr antes de aprender a caminar. Es totalmente comprensible que los fundadores quieran que su empresa crezca rápido porque el crecimiento es el camino hacia la riqueza. Lo grande puede ser bello y las empresas con potencial de crecimiento son ideales si lo que buscas es una salida exitosa, pero a veces es necesario moderar el deseo de expandirnos demasiado rápido y considerar las ventajas de ser pequeño, o, en otras palabras, es necesario estar abierto a un cambio de mentalidad.

Reformular el concepto de lo pequeño

No es mi intención aconsejarte que no expandas tu negocio, por algo este truco se llama: «Todo lo que es grande antes fue pequeño», y no: «Todo lo que es pequeño debe permanecer así». No obstante, sí quiero decirte que es importante no mirar con desprecio el lugar en que te encuentras, disfrutar la época en que la empresa es pequeña, centrarse en los beneficios de dicho tamaño y olvidarse por un tiempo de la necesidad de ser grande. Ser grande trae sus propios problemas, y estarás más preparado para enfrentarlos cuando ya te hayas enfrentado a ellos a una escala menor.

Los seres humanos tenemos una cierta debilidad por lo grande: casas grandes, coches grandes, cuentas bancarias grandes. Para los empresarios, la meta más deseada es llegar a ser una gran compañía. Percibimos lo grande como «bueno» y lo pequeño como «malo», pero en el mundo de los negocios esta valoración no siempre refleja la realidad. La analogía de la lancha y el yate es muy útil para explicar lo que intento decir. Sin duda, el yate es la más imponente de las dos embarcaciones; es grande y cómodo, y para aquellos que anhelan el reconocimiento de los demás, es una ostentación de riqueza, cosas que de una lancha no se pueden decir. ¿Pero qué ocurre cuando nos urge hacer una maniobra rápida? El yate cambia de rumbo poco a poco y lentamente, hasta podría decirse que con torpeza, mientras que la lancha es capaz de hacerlo en cuestión de segundos gracias a la agilidad y velocidad que le son propias, y que el yate nunca podría igualar por el simple hecho de ser tan grande. Con las empresas pasa lo mismo. Cuando eres pequeño puedes moverte rápido y la complejidad de tu sistema no representa un peso. Ir a toda velocidad en lancha tiene lo suyo; por algo será que tantos se vuelcan en empresas emergentes después de una salida exitosa.

Documenta tus pequeñas victorias

Me arrepiento de no haber documentado las pequeñas victorias que tuvimos con Fanbytes en sus comienzos. La foto más antigua que tengo del equipo de Fanbytes nos muestra cuando ya éramos cuarenta personas, y me da mucha pena no tener nada anterior. En la construcción de una empresa, importan tanto el recorrido como el destino final, y nuevamente pongo el ejemplo de los emprendedores que siguen comenzando proyectos nuevos, aunque no necesiten el dinero. Llevar un registro de las pequeñas victorias nos obliga a prestar atención al recorrido y fijarlo en la memoria para disfrutar más del proceso. También nos ayuda a apreciar nuestro progreso y dejar de pensar con ansiedad en el resultado final, o, en otras palabras, nos ayuda a concentrarnos en la ganancia y no en la brecha.

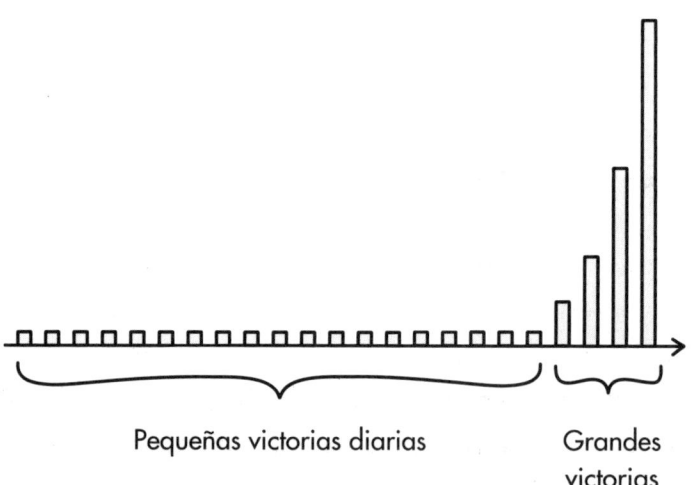

Pequeñas victorias diarias   Grandes victorias

Y si te suena mejor, este procedimiento tiene una ventaja psicológica concreta: documentar los primeros pequeños pasos hacia el crecimiento te ayuda a mantener la perspectiva cuando esos pasos son cada vez más grandes y aterradores. Cuando tu empresa crezca y empiece a facturar cien mil libras mensuales, podrás llevar mejor la situación si puedes recordar con claridad los tiempos en los que facturabas diez mil y estabas un poco asustado, y podrás decirte: «Es lo mismo que la otra vez, pero con un cero adicional».

Si realmente quieres lograr tu objetivo, asegúrate de acercarte más cada día. Te relajas uno o dos días, y esos días se convierten en meses y, luego, en años. Poca actividad es mejor que ninguna. Responder con un mensaje corto es mejor que no responder. Una página al día es mejor que ninguna. El impulso inicial es como una ola a la que hay que saber subirse a tiempo.

¿Cómo obtenemos una victoria rápida?

Todo lo grande tiene un comienzo pequeño, pero también es cierto que es importante tomar impulso. Podrías resignarte a la necesidad de deslomarte durante una semana, un mes o incluso más antes de poder anotarte un resultado positivo, pero si sales al ruedo a buscar una victoria rápida tendrás una mayor sensación de empuje.

Tu victoria puede consistir en un nuevo cliente, una segunda venta u otro indicador tradicional de éxito, aunque también podemos establecer nuevos criterios de éxito para impulsar nuestro propio movimiento. Por ejemplo, puedes establecer un marcador de éxito que implique hablar durante dos días con diez posibles clientes sobre tu empresa de sándwiches, y por más que no concretes ninguna venta, igualmente será una victoria rápida. Otro podría ser escribir las primeras cinco diapositivas de tu presentación de ventas, también una victoria rápida, aunque todavía no hayas preparado la presentación. La idea es seguir un modelo que promueva el avance permanente, dado que, si continuamos mejorando con cada pequeño paso, el éxito solo será cuestión de tiempo. Sin embargo, a veces el tiempo se dilata. En esos momentos, centrarnos en pequeñas victorias rápidas nos mantiene motivados mientras esperamos pacientemente que llegue la gran victoria.

Las tres C de la capitalización compuesta

Hay una vieja parábola matemática sobre el crecimiento exponencial. En esta parábola, un hombre inventa el juego del ajedrez y se lo regala a un rey muy poderoso. El rey, encantado con el juego, quiere recompensar al hombre y le dice que pida lo que quiera. El hombre pide una recompensa en apariencia humilde: un grano de arroz por el primer cuadrado del tablero, dos por el segundo, cuatro por el tercero, y así sucesivamente, hasta llenar todos los cuadrados, cada uno con el doble de granos de arroz que el anterior. El rey le concede lo que ha pedido sin darse cuenta de que, en virtud del crecimiento exponencial, la casilla número 64 deberá contener más de nueve trillones de granos de arroz.

Ese es el poder de la capitalización compuesta, un concepto importante en finanzas por el que los pequeños ingresos periódicos invertidos adecuadamente aumentan su valor con el tiempo y devuelven grandes ganancias. También es importante para una estrategia de negocios. Yo sabía que Fanbytes no lograría llegar al tamaño que esperaba si lo único que hacía era intentar replicar la campaña de trescientas libras para la empresa de actividades al aire libre. Lo que teníamos que hacer era utilizar el poder de la capitalización compuesta. No se trataba solamente de aumentar nuestros honorarios gradualmente, aunque eso también lo haríamos, sino de considerar tres elementos de la capitalización compuesta: el coste, la confianza y los clientes, o las tres C.

El coste

No habríamos llegado muy lejos si siempre hubiéramos cobrado trescientas libras; no era una buena estrategia matemática. Era evidente que, para que creciera la empresa, debíamos aumentar lo que cobrábamos, y, de ese modo, necesitaríamos menos contratos para alcanzar cierta cantidad. Sin embargo, si hubiéramos cobrado cien mil en el primer contrato nos hubiéramos visto en problemas, puesto que no teníamos ni idea del valor de nuestro producto, de lo que querían los clientes ni de lo que esperaban recibir a cambio de su dinero. La clave era ir aumentando los honorarios poco a poco, a medida que fuéramos entendiendo mejor el servicio que ofrecíamos y acumulando confianza.

La confianza

Pedir dinero no es nada fácil y hasta puede asustar un poco, por lo que debíamos poder confiar en nuestra capacidad de cumplir con lo acordado en un contrato de trescientas libras antes de comprometernos con un contrato de setecientas, y, del mismo modo, debíamos poder confiar en nuestra capacidad de cumplir un contrato de setecientas antes de ofrecer uno de mil. La capitalización de la confianza es vital para hacer negocios, y es uno de los motivos principales por el que las grandes empresas deberían tener comienzos pequeños. Cuando se capitaliza la confianza, crece el impulso. Así como todo lo grande tiene un comienzo pequeño, lo que ahora se ve grande, pronto parecerá pequeño.

Los clientes

Un solo cliente es un buen comienzo, pero no es un buen final, dado que el dinero que puede gastar es limitado y puede cambiar de agencia cuando quiera (incluso hasta puede cerrar su propio negocio). Si quieres tener esperanzas reales de agrandar tu empresa, debes dedicarte a capitalizar gradualmente tu clientela. Ya hemos visto que el secreto es crecer dando pequeños pasos, así que tener demasiados clientes en poco tiempo solo hará que prometas de más y cumplas de menos, una gran forma de convertirse en uno de los fracasos descritos al comienzo de este capítulo. Comenzar con una base pequeña te permite ampliar el alcance a un ritmo sostenible.

Date espacio para crecer

En su momento, nos sentíamos muy agradecidos por nuestro primer contrato con la empresa de actividades al aire libre, pero ahora me doy cuenta de que no fue el mejor primer cliente que se puede tener. Todo lo grande empezó pequeño, pero si quieres capitalizar tu clientela base, debes asegurarte de que existan otros posibles clientes dentro del mismo sector a quienes puedas ofrecerles tus servicios. En nuestro caso, no había otras empresas similares con las que pudiéramos aplicar nuestra experiencia.

Aprendimos que cuando eres pequeño es importante escoger segmentos específicos de clientes para planificar el crecimiento.

Nosotros empezamos a avanzar realmente cuando comenzamos a dedicarnos a sellos discográficos. Hicimos una campaña de Snapchat con un sello importante para una canción de un artista muy conocido. Cobramos mil libras por la campaña, que generó una participación impresionante, visitas y emisiones en directo. Gracias a ese triunfo, pudimos contactar con un sello rival, que terminó contratándonos para realizar una campaña similar para otro famoso artista pop. Para esa campaña, tuvimos más confianza en nosotros mismos y pedimos tres mil libras. Al haber empezado con un cliente pequeño en un segmento grande, nos encontramos en la posición de ofrecer nuestros servicios a otros sellos discográficos y presentar datos concretos que demostraban que podíamos hacer lo que decíamos.

Todo lo grande empieza siendo pequeño, pero siempre, desde las primeras acciones, hay que ir pensando estrategias para subir al siguiente nivel. Necesitas espacio para crecer.

La estrategia de ascensión de clientes

Cuando empezamos con Fanbytes, nuestra estrategia era ir directamente a ver a un cliente y preguntarle si quería comprarnos una campaña de *influencers*, una técnica simple, y poco eficaz, por no decir ineficaz por completo, dado que conseguimos poquísimos contratos.

Entonces, cambiamos de estrategia, y pudimos hacerlo rápido porque éramos pequeños. Nos volcamos en lo que se conoce como la estrategia de la escalera de ascensión de clientes. La idea de esta estrategia es lograr que tu cliente se comprometa con algo pequeño y, luego, agrandar la escala de su compromiso hasta el punto de establecer tu autoridad en la materia y el valor potencial de tus servicios. Es una relación que comienza en pequeño y va creciendo con el tiempo.

En el caso de Fanbytes, nuestro método era regalar un libro electrónico sobre el panorama de los *influencers* a los posibles clientes, algo que no requería ni dinero ni nada de ellos, pero les daba algo de interés y nos ponía en su radar. Luego, los invitábamos a un seminario web donde podían conectarse durante quince o veinte minutos y enterarse de cómo sus competidores usaban el espacio de los *influencers*. Para ellos, no representaba un compromiso real, pero a nosotros nos consolidaba como una autoridad confiable. Luego, los invitábamos a un evento gratuito, donde teníamos la oportunidad de compartir una hora con ellos y fortalecer la relación. Cuando intentábamos vender sin tener trato previo con los clientes, era natural que hubiera tan pocos interesados porque debían depositar su confianza en nosotros sin conocernos, pero al darles primero cinco minutos de tu tiempo, luego quince y luego una hora, los clientes sienten que no se arriesgan tanto si aceptan trabajar contigo cuando se los propones.

La estrategia de la escalera de ascensión de clientes, que puede adaptarse a cualquier empresa, nos hizo incrementar la tasa de contrataciones del 10 por ciento al 75 por ciento, y lo logramos con la simple estrategia de aumentar paso a paso la confianza que inspirábamos a nuestros clientes, una confianza que empezó siendo pequeña, pero terminó siendo grande.

La importancia de las ganancias marginales

La teoría de las ganancias marginales se popularizó en el deporte de la mano del entrenador de ciclismo Dave Brailsford. El concepto gira en torno a la idea de realizar mejoras pequeñas pero constantes en diferentes aspectos del desempeño, para que la acumulación de esas pequeñas mejoras permita lograr un progreso importante. Por ejemplo, si un deportista mejora su entrenamiento, sus horas de sueño y su nutrición en un uno por ciento, el efecto acumulativo puede ser considerable. El todo se convierte en algo más que la suma de las partes.

Te lo explicaré como lo haría en una de las clases de matemáticas de mis días de profesor particular. Hay una regla llamada «regla del 10 por ciento». Imaginemos que tenemos una empresa de productos o servicios con 1000 clientes, que gastan una media de 100 libras en pedidos y nos compran dos veces al año. Nuestro ingreso anual será como sigue:

$$1000 \times 100£ \times 2 = 200\ 000£$$

Ahora digamos que queremos aumentar cada uno de esos componentes en una cantidad pequeña y manejable, por ejemplo, el 10 por ciento. No es una meta descabellada y nos dará 1100 clientes con un valor promedio de pedidos de 110 libras, y un promedio anual de compras de 2,2. En este nuevo escenario, este será nuestro ingreso anual:

$$1100 \times 110£ \times 2,2 = 266\ 200£$$

Esas pequeñas ganancias marginales del 10 por ciento en cada componente del negocio representan una ganancia general del 33 por ciento en el ingreso total. Para los amantes de las matemáticas como yo, esta es una simple aplicación práctica del hecho de que $1,1 \times 1,1 \times 1,1 = 1,331$. Para el resto, es un ejemplo que ilustra que conviene más centrarnos en optimizar pequeños componentes en cantidades viables, que centrarnos en optimizar un gran número en una cantidad mayor, y, además, es una estrategia más sencilla. Así como el ciclista se centra en las ganancias marginales del estado físico, la nutrición y el equipamiento para conseguir una mejora considerable y general en su desempeño, el empresario que se centra en las ganancias marginales en todas las áreas del negocio se verá beneficiado por el efecto de la capitalización.

Controla lo controlable

En mis primeros días de emprendedor, me hallaba confundido. No podía decir con seguridad lo que pensaba que haría la empresa dentro de uno o dos meses, y menos aún lo que haría en el siguiente trimestre. Lográbamos llegar a nuestros objetivos, pero no sabía con certeza cómo, y, a pesar de que confiaba en que todo saldría bien, las cosas también podían fallar. Comprendía el poder de la capitalización, pero no estaba muy seguro de qué variables estaban teniendo un efecto activo en nuestro crecimiento y cuáles no.

Al examinar nuestros mejores meses, observé una correlación entre las pequeñas acciones que podíamos controlar y el éxito más generalizado. Miré la cantidad de correos enviados, los posibles clientes que contactamos y nuestras cifras de conversión de ventas, y pude ver una relación directa entre esas cantidades y el incremento de nuestra fortuna. Entonces decidí que, a partir de ese momento, solo me preocuparía por los recursos y las tareas que éramos capaces de influenciar y dejaría de preocuparme por aquellos que no estaban en nuestras manos. En otras palabras, decidí que solo controlaría lo controlable.

Hemos aprendido la importancia de centrarse en los *inputs* y no en los *outputs*. Creo que nos centramos demasiado en la situación en su conjunto, en vez de en los detalles que la componen, pero el panorama general está fuera de nuestro control, o, mejor dicho, va tomando forma según las acciones más pequeñas que realizamos. Entonces decidí que, en lugar de pensar en cómo ganar cien mil al mes, debíamos pensar en cuántas llamadas haríamos al mes o a cuántas conferencias asistiríamos. Todo lo grande empieza siendo pequeño cuando hacemos el esfuerzo consciente de controlar lo controlable porque, por definición, esas son las cosas más pequeñas. Son los diez segundos que dedicas a acercarte a alguien en las redes sociales, los cinco minutos que usas para llamar a un posible cliente nuevo, la hora que pasas preparando una presentación para uno que conseguiste en su momento. Son las pequeñas acciones que podemos realizar para avanzar incrementalmente y poder beneficiarnos del efecto de la capitalización.

Nunca estarás listo

Hace algunos años, durante un reportaje para la BBC, un periodista me preguntó si tenía alguna reflexión o algunas palabras finales sobre cómo triunfar en los negocios, y las palabras que se me vinieron a la cabeza fueron estas: «Nunca estarás listo». Probablemente, nunca llegue el momento en que converjan las circunstancias perfectas, en que todas las condiciones sean las favorables. Nunca hubo un momento en que, de pronto, yo estuve «listo» para dar charlas en público o «listo» para pedir grandes sumas de dinero.

El secreto radica en realizar la acción más pequeña posible en la dirección de tu objetivo. Hemos hablado del camino de menor resistencia, y aquí podemos aplicar el concepto. Cuando nos agobia la vastedad de nuestra ambición y la toma de consciencia de que jamás estaremos listos, las acciones más pequeñas cobran mucha más importancia, puesto que dichas acciones se acumulan rápidamente y se capitalizan, mitigan tu falta de preparación e impiden que te paralices y caigas en la inacción por el hecho de no sentirte listo para dar pasos más grandes.

El producto mínimo viable y el paso mínimo viable

En los negocios, se habla de tener el producto mínimo viable (MVP, por sus siglas en inglés), que es la versión más simple de un producto, con características suficientes para poner a prueba una idea en el mercado, pero no tan complejo como para requerir una cantidad poco realista de gastos o recursos antes de poder confirmar su viabilidad general. La estrategia del MVP es una buena forma de evitar la ineficacia y los peligros de un comienzo muy ambicioso. Además de permitirte probar un producto antes de apostarlo todo a él, te da la oportunidad de aprender de la experiencia y las devoluciones de las primeras fases, y realizar mejoras las veces que hagan falta.

Estos son algunos ejemplos de grandes empresas que comenzaron en pequeño usando el concepto de un MVP.

Dropbox

Esta popular plataforma de almacenamiento y sincronización de archivos dio sus primeros pasos como un vídeo promocional que mostraba su tecnología. De ese modo, los fundadores fueron capaces de juzgar la demanda antes de desarrollar la plataforma a gran escala.

Groupon

Empezaron como un blog con anuncios de ofertas que enviaba cupones de descuento a quienes tenían interés en ofertas determinadas. Este MVP validó la teoría de que existía una demanda para ofertas de compra colectiva sin tener la necesidad de lanzar una plataforma entera.

Deliveroo

Deliveroo comenzó entregando pedidos en una pequeña zona de Londres, y de ese modo pudo establecer las necesidades del mercado y la viabilidad logística del concepto antes de expandirse por todo el país.

Cuando comencé con las clases de apoyo en mis años de estudiante, yo mismo era mi propio MVP. Habiendo establecido que había una necesidad de mercado para clases de apoyo, pude expandir mi servicio principal para satisfacerla. Si estás dando los primeros pasos con tu empresa, sin duda te será muy útil la estrategia del producto mínimo viable. Supongamos que quieres crear un servicio de belleza e higiene de mascotas en el que las recoges y luego las devuelves a su dueño (a propósito, esta no es una mala idea para un negocio). Puedes alquilar instalaciones y una camioneta, comprar el equipamiento que necesitas, diseñar logos y carteles atractivos, crear un sitio web que funcione bien y contratar un par de empleados. O puedes crear una simple página web desde la cual los clientes pueden pedir cita para una sesión de belleza y coordinar el traslado de la mascota, y publicitar tus servicios en grupos locales de Facebook. La primera estrategia te hará gastar una fortuna inicial sin ninguna garantía de que ganarás un céntimo. Con la otra estrategia, tendrás tu negocio funcionando en poco tiempo y correrás menos riesgos, y lo que es más importante, estarás comprobando las necesidades del mercado. A lo mejor la gente de tu zona está desesperada por este servicio, pero a lo mejor resulta un fracaso. No sabrás cómo está el agua hasta que metas el pie.

Por todo esto, el producto mínimo viable es una estrategia bien establecida y exitosa, y su valor se ve claramente si consideramos el concepto de que todo lo que es grande antes fue pequeño. Pero también quiero animarte a darle otra vuelta para que sea todavía más simple, y a considerar una estrategia conocida como la acción mínima viable. La AMV es el paso más pequeño que puedes dar para comenzar a sacar las ideas que tienes en la cabeza y materializarlas. En el caso del servicio de belleza para mascotas, la acción mínima viable sería hacer una búsqueda en Google para ver cuántos servicios como ese hay en las inmediaciones de tu barrio, o podría ser una conversación con un paseador de perros en el parque para tantear la reacción que despierta tu idea, o sentarte una tarde para hacer una lista de precios. Estos pequeños pasos solo pueden llevarte dos o tres minutos y no requieren la interacción con los clientes; ni siquiera requieren la creación de un producto básico. Son los elementos esenciales, los movimientos casi imperceptibles pero intencionales hacia una meta lejana. Un viaje de mil kilómetros empieza con un simple paso, y la acción mínima viable es ese paso. Hay demasiadas ideas de negocios que nunca salen de la cabeza de quien las piensa. La acción mínima viable te ayuda a sacarlas y mostrárselas al mundo.

El tiempo tiene la última palabra

Podemos ver cómo crecen las cosas pequeñas cuando consideramos el efecto capitalizador de las mejoras incrementales, cuando mantenemos el impulso que nos hace avanzar, cuando documentamos las pequeñas victorias y dirigimos nuestro esfuerzo a conseguir victorias rápidas. Es casi imposible no ganar cuando constantemente sigues implementando este tipo de mejoras; es algo que los chefs, los músicos o los futbolistas y sus entrenadores saben muy bien. Hacerlo nos permite reformular nuestro pensamiento cuando nos sentimos abrumados por la pregunta de cómo vamos a alcanzar nuestro objetivo final, y nos permite ver que, siempre y cuando contemos con los sistemas correctos en el lugar correcto, el árbitro del. éxito es el tiempo. En consecuencia, la pregunta deja de ser: «¿Tendré éxito?», y pasa a ser: «¿Cuándo tendré éxito?». Si has escogido la destreza correcta y el mercado correcto, y constantemente implementas mejoras, entonces, a menos que ocurra una desgracia imprevista, tu victoria llegará.

Apuntes del capítulo

- Lo grande no necesariamente es bello. Lo pequeño sí puede serlo. Esta forma de pensar nos ayuda a evitar la tendencia a despreciar el lugar en que nos encontramos y a no fracasar por exceso de ambición.
- Cuando documentamos nuestras pequeñas victorias, le damos valor al recorrido y nos ayudamos a mantener la perspectiva cuando el progreso es mayor.
- Está bien ser pequeño, pero necesitas espacio para crecer.

- Utiliza en tu favor el poder de la capitalización compuesta mediante mejoras incrementales y ganancias marginales. Cuando haces pequeñas mejoras en distintas áreas de tu negocio, la mejora general cobra más dimensión.

- Por definición, no se puede controlar lo incontrolable. Por eso, cuando decides controlar lo controlable, te obligas a activar el efecto capitalizador de las ganancias marginales.

- Da el paso mínimo viable para sacar una idea de tu cabeza y entregarla al mundo.

- Cuando los sistemas correctos están en el lugar correcto en el nivel básico, y siempre que no ocurran desgracias imprevistas, el gran éxito solo será cuestión de tiempo.

EPÍLOGO

Somos las historias que nos contamos. Cuando era niño, subía las escaleras de cemento del edificio de Old Kent Road repitiendo un mantra en la cabeza: «Este no es mi lugar. Yo merezco más». Quería ser el miembro de la familia que rompiera las cadenas de la pobreza, pero aunque sabía muy bien adónde quería llegar, no sabía cómo haría ese viaje. El camino estaba oculto y debía descubrir la mejor manera de encontrarlo.

Y así lo hice. El 3 de mayo de 2022, recibí en el banco una suma de dinero que iba a redefinir mi futuro. Ese dinero provenía de la salida triunfante de una empresa exitosa, y esa salida triunfante pudo ocurrir porque, con el correr de los años, aprendí los principios que he explicado en estos trucos y que, literalmente, me cambiaron la vida.

Quería compartir esos trucos con todo el mundo, pero nunca tuve la intención real de escribir un libro. ¿Por qué habría de hacerlo, si podía crear contenidos en línea que verían millones de personas en menos de una semana? Sin embargo, poco a poco comprendí que era el regalo que le quería hacer a mi yo de 21 años: un libro que examinara y detallara en profundidad las verdades aprendidas a golpes, mientras levantaba una empresa exitosa. Espero que este regalo para mi antiguo yo también te haya servido a ti, si eres un joven emprendedor o si ya estás a mitad de tu camino, o incluso si quieres alcanzar una meta que no esté directamente relacionada con un negocio, pero que podría beneficiarse de las estrategias y actitudes que me han ayudado tanto a mí en mi propia vida. Los trucos que presento son flexibles y se pueden aplicar más allá del mundo de los negocios.

También espero que, al leer este libro, descubras, como lo hice yo, que las personas que alcanzaron las metas a las que tú aspiras no son muy diferentes del resto. No tienen dos cabezas, solo tienen cierta manera de ver el mundo que les resulta útil. Si puedes mirar el mundo de la misma forma, y comparar tus *inputs* con los suyos, tú también puedes sacar provecho de ella. Los trucos son maneras de reformular nuestro modo de enfocar los negocios y la vida en general, así que si tú eres de los que saben que están destinados a más, como yo lo supe hace tantos años mientras subía las escaleras de mi edificio, espero que puedas usarlos para encaminarte hacia donde quieres ir y hacer que tu recorrido sea más fácil y rápido, y, sobre todo, que te dé más satisfacciones.

Así que sal al mundo y vuelve a escribir tu historia. Tienes las armas que necesitas; lo único que te falta es ponerlas en acción.

AGRADECIMIENTOS

A Ambrose, Mitchell y Lucy, por tenerme tanta paciencia.

A Adam Parfitt por las constantes notas de voz de WhatsApp y por hacer que este proceso fuera divertido.

A Corinna Bolino, Katya Browne, Olimpia Southgate-Smith, Ellie Crisp, Shunayna Vaghela, Serena Nazareth y a toda la gente de Michael Joseph.

A Kate Evans y a toda la gente de PFD.

Gracias por ayudarme a que este libro sea una realidad.

NOTAS BIBLIOGRÁFICAS

1. James Clear (2018), *Hábitos atómicos en acción: ejercicios sencillos para construir la vida que deseas*, Random House Business

2. Bruce Lee © Bruce Lee Enterprises, LLC. Todos los derechos reservados

3. Séneca, *Epístolas morales a Lucilio, volumen 1: epístolas 1 a 65*, trad. al inglés de Richard M. Gummere (1917), Loeb Classical Library 75, Harvard University Press

4. Kerry McCarthy (5 de julio de 2011), «Usain Bolt: the fastest man on Earth», *Runner's World*, <https://www.runnersworld.com/uk/training/motivation/a766931/usain-bolt-the-fastest-man-on-earth/>

5. Albert Bigelow Paine (1912), *Mark Twain: a biography: the personal and literary life of Samuel Langhorne Clemens*, vol. 3, Harper & Bros

6. Daniel Roth (anfitrión). (Junio de 2023). *This is working with Daniel Roth*, «Former President Barack Obama on working» [Episodio de pódcast]

7. Bianna Golodryga (10 de julio de 2009), *Good Morning America*, entrevista con Warren Buffett, ABC

8. Chet Holmes (2007), *The ultimate sales machine: turbocharge your business with relentless focus on 12 key strategies*, Penguin

9. James Kerr (2013), *Legado: 15 lecciones sobre liderazgo*, Constable

10. Richard P. Feynman (4 de junio de 1974), «Cargo cult science», discurso de graduación, Caltech, Pasadena, EE. UU.

11. Roger Federer (9 de junio de 2024), discurso de graduación, Dartmouth College, Hanover, EE. UU.

12. Alice Schroeder (2008), *La bola de nieve: Warren Buffet y el negocio de la vida*, Bloomsbury

13. Dra. Julie Gurner (6 de septiembre de 2024), publicación en X

14. Luis Pasteur (7 de diciembre de 1854), discurso inagural, Universidad de Lille, Francia